바람결에 감추고
꽃잎에 묻어두고

이희숙 시집

문학공원 기획시선 24

바람결에 감추고
꽃잎에 묻어두고

이희숙 시집

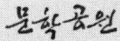

시인의 말

아름다운 나만의 언어를 갖고 싶다
평생 함께여도 좋을 그런 사람 같은

등단한 지 스물세 해를 맞아
그동안의 이야기들을 모아 첫 시집을 낸다

여전히 나만의 아름다운 언어를 찾는 중이다
어쩌면 끝끝내 찾지 못할지도 모르지만
그래도 즐겁다

내 작은 발자국이
눈뜨는 아침에 읽는 조간신문처럼
누군가에게 살며시 스며들었으면 좋겠다

2024년 10월 25일

이 희 숙

차례

시인의 말　　　　　　　　　　　5

1부. 나를 물들이는 시간

쉬어가는 섬	14
그늘의 깊이	16
여기, 허기를 채워주는	17
그 많던 영자들은 어디로 갔을까	18
햇볕 과식의 부작용	20
생각을 지우는 카페	22
독백	24
밥 짓는 여자	26
아이에게 배우다	27
균형에 대하여	28
나이 듦에 대하여	30
씹다	32
은유의 계절	33
나를 물들이는 시간	34
망각의 강	35
바람결에 감추고 꽃잎에 묻어두고	36
바람이 든다는 의미	37
추억은 애당초 그런 것	38

2부. 산다는 것은

아름다운 안부 40
즐거운 하례마을 42
제주를 통째로 들이는 방법 44
살다 보면 누구나 다 그래 45
고요하게 참으로 느리게 46
오늘은 왠지 낙서 같은 편지를 쓰고 싶다 47
뜨거움에 대해 물으면 48
산다는 것은 49
아물지 않는 상처란 없다 50
삶·1 51
삶·2 52
삶·3 53
삶·4 54
삶·5 55
삶·6 56
삶·7 57
삶·8 58
우리 사랑의 빛은 몇 룩스일까 59

차례

3부. 꽃피는 봄날에는

봄날	62
네가 와서 꽃이 피었다	63
명자꽃 · 1	64
꽃은 다 예쁘다	65
이팝나무	66
풍년예보	67
봄이 오는 길목에서	68
하여간 지금은 봄봄봄	69
목련	70
봄 이야기	71
명자꽃 · 2	72
정살롱으로 가자	74
복수초	75
어쩌자고 그리움만 쌓이는지	76
가끔 아주 가끔은	77
기다림의 습성	78
꽃피는 봄날에는	79
친애하는 그대에게 띄우는 봄 편지	80

4부. 어느 가을 아침

동백꽃	84
2월을 사랑할 수밖에 없는 이유	85
장마 · 1	86
장마 · 2	87
분꽃	88
꽃무릇	90
오동나무	91
태풍주의보	92
또다시 가을인가 봅니다	93
지금은 가을이라네요	94
가을 편지	95
어느 가을 아침	96
지금은 내 인생의 가을	97
가을이 다 가기 전에	98
11월에는	99
첫눈을 기다리는 동안에는	100
12월엔	101
겨울엽서	102

차례

5부. 엄마의 명약

엄마의 명약	104
남편	106
자랑스러운 아들에게	107
사랑하는 딸에게	110
이 세상 그 어떤 사랑법도	112
저만치의 거리, 사랑이다	113
제비꽃 당신	114
지나고 나니 알겠네	115
사랑해요, 라는 말속에	116
너에게로 가는 길	117
오늘은 어쩐지 무작정 자꾸만	118
사랑의 유효기간	120
차단된 마음	122
사랑모순 · 3	123
추억을 파는 가게	124
어느 쓸쓸한 저녁	125
언제나 새로운 청춘센터	126
아름다웠노라 이야기하자	128

6부. 그리움이라 했다

내 사랑은	130
우리 사랑을 이야기할 때	131
그런 순간이 있습니다	132
사랑하는 이유	134
옛사랑	135
그대라는 이름의 사랑으로 살았습니다	136
그리움이라 했다	137
안녕이라고 말할 수 있을 때	138
단속하지 마세요	139
사랑모순	140
더 이상 사랑이라는 이름으로	141
내 그리움의 한계는 늘 그대가 종착역이었다	142
목숨 아닌 사랑은 없었다	143
어느 날 문득	144
휴업합니다	145
지나간 사랑에 묻는다	146
반어법에 대하여	147
외로움은 돌림병처럼	148

차례

작품해설 - 김순진 문학평론가   150
- 견고한 내면의 주춧돌, 그 탄탄한 골조의 시학

1부

나를 물들이는 시간

쉬어가는 섬

그래도와 아직도를 아시나요
가다가 힘들면 잠시 쉬어가는 섬

깨지고 넘어져 더는 아무것도 아닐 때
그래도 괜찮다고 말해 주는 이가
단 한 사람이라도 있다면
깜깜한 방에 불 밝히듯
스스로 등대가 되어 길을 찾는 섬

생각만 하다 끝내 아무것도 못 할 때
아직도 늦지 않았다 토닥여주는 이가
단 한 사람이라도 곁에 있다면
물길을 만난 배처럼
스스로 길을 내고 노를 젓는 섬

왈칵 세상의 끝과 마주하거든
그래도와 아직도로 떠나라
밤새 폭우가 내리고 폭설이 쌓여도
젖지 않고 묶이지 않는 섬

가다가 힘들면 잠시 쉬어가는 섬이 있다
그래도와 아직도가 있다

그늘의 깊이

잎 떨군 가지마다 졸고 있는 오후 3시
그늘의 깊이가 문신처럼 선명하다
볕과 그늘의 사이가 아무리 깊다 해도
해 지는 저녁이면
이럴까 저럴까 재다가
끝나버린 사랑처럼
아니 온 듯 사라지네

아무것도 아니었다가 무엇이었다가
도로 아무것도 아닌 것이 된다는 것은
모르던 너와 내가 우리가 되었다가
도로 남남이 되어
너는 너대로
나는 나대로
모르던 그때로 되돌아가는 것과 같은 것

그늘의 깊이는
누구도 알 수 없는 인생처럼
무엇이었다가
아무것도 아니었다가
다시 무엇이 될 수도 있는 것

여기, 허기를 채워주는

 일상이 행복으로 채워져도 나만을 위한 시간이 부족하면 마음에 허기가 진다 그럴 때면 서울 사는 딸 집에 간다 주인을 닮아서 친절한 작은집은 몇 걸음만 움직여도 목표물을 낚아챌 수 있다거나 쓱 둘러봐도 뭐가 있는지 쏙 들어와 어쩌다 찾는 내겐 이보다 더 좋을 수 없다

 딸이 출근하고 나면 주방 욕실 냉장고 세탁기 할 것 없이 하나둘 곁으로 바싹 다가와 앉는다 모 드라마에 나와 공전의 히트를 친 토스트기도 숨겨 둔 팔을 내밀어 악수를 청하고 선물로 받은 소국도 배시시 웃으며 말을 걸고 구례오일장에서 이사 온 다육이도 반갑다고 환한 얼굴로 인사하고 걸어 둔 드라이기도 어서 외출 준비하라고 등 떠민다

 아담하지만 있을 건 다 있는 이곳은 해묵은 감정도 보듬어 주고 위로받지 못한 감정마저도 보듬어 주는 희한한 공간이다

그 많던 영자들은 어디로 갔을까

칠팔십 년대 중고등학교에 다녔던
학창 시절을 떠올릴 때면 생각나는 얼굴
더 많은 승차권을 받기 위해 목청껏 오라이를 외치던
우리가 버스 안내양이라고 불렀던
그 많던 영자들은 어디로 갔을까

여자 팔자 뒤웅박 팔자라고
자수성가한 남편 만나
백화점으로 헬스장으로 문화센터로
한바탕 신나는 꿈을 꾸고 있을까

삼시 밥 차리다 말고
올봄에는 남들 다 가는 꽃구경도 놓쳤다며
순한 신랑 바가지 긁는 재미로 살고 있을까

남편 복 없는 년은 자식 복도 없다며
그토록 벗어나고 싶었던 가장의 무게를
거북등처럼 갈라 터진 손에 싣고
오늘도 새벽시장으로 달려가고 있을까

어느 한 시절
누군가의 아픈 손가락이요
어떤 이의 꿈이었던
그 많던 영자들은 어디로 갔을까
위대한 영자의 전성시대는 끝이 났는데

햇볕 과식의 부작용

여름이면 놀고 있는 햇볕이 아까워
옥상으로 들락날락거린다

햇볕 샤워하면 잠이 잘 온다지만
과하면 탈 나기 십상
피부는 발갛게 타오르고
기미 잡티에 피부트러블도 피할 수 없지

한바탕 놀고 나면 샤워는 일상
그때마다 빨랫감은 나오고 물 사용은 늘고
이래저래 손해 보는 장사다

세탁한 옷을 탈탈 털어 빨랫줄에 널면
생전에 엄마는
"빨아서 조진다 복 나간다 그만 털어라"
"늙으면 병든다 대충 살아라"
귀에 못이 박히도록 들은 말이지만
여태 그 버릇 그대로다

35도가 넘는 오늘도 놀고 있는 햇볕이 아까워
아침부터 옥상으로 출근한다
더운데 건조기는 폼으로 있냐며 편하게 살라지만
고칠 생각이 없으니 참으로 병이 깊다

생각을 지우는 카페

지난가을 각중˚에 찾아온 불청객은
부실한 대접에도 구석진 방에 앉아 말이 없다
밀어내려는 자와 눌러앉으려는 자 사이에
싸움이 길어질수록 구경꾼의 주머니는 두둑하다

씹는 자유를 저당 잡힌 턱은
먹는 즐거움마저 압류당한 채 눈치만 살피고
싸움의 최대수혜자인 구경꾼은 스트레스를 줄이고
멍때리는 시간을 많이 가지라는 처방전을 내놓지만
어쩐지 나의 봄은 눈치 없는 애인처럼 머뭇거리고
완치 불가 판정을 받은 턱관절 디스크는
대놓고 거드름을 피운다

이럴 어째, 진작 어르고 달래서 구워삶아볼걸
손이 발이 되도록 싹싹 빌어나 볼걸
이 일을 어쩐다, 정말 어쩐다
지금이라도 보채지 말고 종종 멍때리는 연습을 하면
못 이기는 척 아니 온 듯 돌아가려나
아, 그러면 나는 막 미치도록 좋아서
아담한 카페 하나 열어야지

작명소에 맡기지 않고 철학적으로 지어야지

* 각중 : '갑자기'의 경상도 방언

독백

아름다운 나만의 언어를 갖고 싶다
평생 함께여도 좋을 그런 사람 같은

밤새도록 콧대 높은 그는
멀어지는 사람처럼 애만 태우고

불면 날아가기 십상인 나의 언어는
움켜쥘수록 **빠져나가는** 모래처럼 힘없이 사라지고

잠들지 못한 밤
시간의 징검다리를 건너온 자들은
날 새는 줄 모르고 말의 유희를 즐기지만
놓지 못한 어정쩡한 말들 사이에서
나는, 차마 오도 가도 못하고

그토록 갖고 싶던 나의 언어는
햇살에 사라지는 눈과 같이
잠시 흔적만 남길 뿐
어디에도 보이지 않는다

마주할수록 멀어지고
다가갈수록 낯설어지는
나의 언어 그리고 혼잣말

밥 짓는 여자

중학교 입학하던 해
읍내에서 자취했다던 여자
부엌살림과 공개 연애한 지 삼십 년도 더 된 여자
쌓인 내공으로 치자면
입 다문 계집처럼 좀체 웃을 줄 모르던 목련도
방실방실 웃게 할 수 있지만
밥 짓는 일이 세상에서 제일 어렵다는 여자
손에 물 마를 날 없는 여자
채소와 육류 사이를 오가며
아슬아슬한 줄다리기를 즐기는 여자
숨겨둔 정부처럼 좋아하는 해산물을
은근슬쩍 장바구니에 쏙 담는 여자
365일 삼시 밥에게서 벗어나지 못하지만
사랑과 정성으로 버무린 음식이 제맛을 내는 것처럼
인생도 꿈꾸고 노력하고 즐길 줄 아는 사람이
끝까지 웃을 수 있다는 걸 아는 여자

아이에게 배우다

현관에 들어서자 짖어대는 개
평화는 깨져버렸다
개의 이름을 부르며
적이 아님을 증명하려 애써보지만
개의 입장에서는 침범한 자에게 자비란 없다
짖어대는 소리가 박힐수록
시간은 멈추고 긴장은 절정을 향해 달린다

엄마 치맛자락에 숨어있던 아이
"짖게 해서 미안해"
개 처지에서 보면 원인 제공은 사람이니
아이는 받아들이며
상대에게 다가가는 법을 이해한 전략가요
같은 편마저 무장해제시킨 영웅이다

균형에 대하여

단골 가게에서
때깔 좋고 싱싱한 놈으로 골라 온 과일이
집에 와서 보니 유독 하나가 눈에 띈다
값을 치르는 동안 덤으로 준 모양인데
볼품없이 기울어진 것이 볼수록 짠하다
먹으면 사라질 사과 한 개가
내내 마음 끝에 매달려 균형에 대해 생각하다
균형은 한쪽으로 기울거나 치우치지 않고 고른 것
서로 힘을 더하여 안정을 유지하고 있는 상태

삶 속에서의 균형은
생각보다 예민해서 많은 노력이 필요하다
잘 달리던 자전거도 균형을 잃으면
한쪽으로 기우뚱 넘어지고
사랑도 균형을 잃으면 틈이 벌어져
어느 순간 이별과 마주해야 한다
균형을 잃었을 때 후유증은 생각보다 오래간다

세워 둔 자전거가 기우뚱할 때
기운 쪽에 뭔가를 덧대 평형을 유지하면

아무 일도 일어나지 않지만
달리는 자전거는 넘어지려는 방향으로 핸들을 돌려야
균형을 잃지 않고 앞으로 나갈 수 있다

신이 예외라는 걸 허용한 이유가
다 알 것 같지만 여전히 모르는 게 많고
영영 이해할 수 없는 일들이 많기 때문이 아닐까
세상일이 더 재미있는 이유다

나이 듦에 대하여

눈 폭탄 맞은 날씨 때문에 택배로 보낸 김치와 반찬 몇 종류가 든 아이스박스를 하루 늦게 받은 서울 사는 시아버지는 낯선 물건을 경계하는 아이처럼 아이스 팩에 대해 몇 번이고 물으신다. 효자 아들은 "아버지, 파란색 젤리 같은 건 먹는 게 아니고 얼음 대신 넣은 거니까 버리지 마세요." 알았다는 대답 대신 "말랑말랑한데 안에 있는 거 쏟아버릴까?" "녹아서 그러니까 음식물 다 꺼내고 그대로 넣어두세요." 음식 보낼 때마다 한 자리 차지한 아이스 팩, 눈에 익었을 법도 한데 기억에 없으신 모양이다

통화가 끝나는가 싶었는데 캔이 아닌 포장에 든 스팸이 이상하다고 전화기를 잡고 늘어지는 시아버지와 같은 말을 테이프 되감기 하듯 대답하는 효자 아들 "우리 집에 오셨을 때 먹었던 스팸하고 아버지 서울로 가실 때 가방에 넣어준 스팸하고 똑같은 거예요. 두꺼우니까 반으로 잘라서 네 등분해서 드세요. 달걀에 부쳐도 맛있고 그냥 부쳐 먹어도 맛있어요." 삼십여 분 동안 입의 혀처럼 설명하는 남편 옆구리에 찰싹 붙어있던 내게로 용기만 달리했을 뿐인데 동문서답하는 시아버지의 나이

듦의 슬픔이 고스란히 전해져 온다

 나이 들수록 학습을 해야 한다던 딸아이의 말이 뜬금없이 목에 걸린다. 지금은 낭만처럼 마시는 블랙커피가 쓴 약처럼 느껴지는 그런 날이 내게도 올지 모른다고 생각하니 알게 모르게 영토를 넓혀가는 새치가 신경 쓰인다. 하늘은 여전히 눈이 내릴 기세다

씹다

세상에서 제일 재미있는 구경은 싸움 구경이고
씹는 맛이 일품인 건 남 욕하는 거라고 했던가
믿거나 말거나 모임에서 불참한 사람은
어디로 튈지 모르는 그 날의 주인공이 되어
들었다 놨다 이리 돌리고 저리 돌려도
싸움을 걸기는커녕 따질 수도 없다

소문난 잔치 먹을 것 없다지만
뜯고 씹고 맛보는 재미에
북 치고 장구 치고
얼쑤 풍악을 울려라
파티는 지금부터다

술술 넘어가는 술처럼
브레이크 고장 난 자동차처럼
멈출 줄 모르는 자들이여, 아는가
이름 모를 어느 노포 집 술안주 마냥
예외 없이 뜯기고 씹히다가
마침내 소설 속 비운의 주인공이 된다는 걸

부디 말조심할 일이다

은유의 계절

짧은 동안 섬 위에 썼던 그대 고단한 이름과
인적 드문 산 위에 심어놓아
외로움의 습성이 되어버린 그리움
수국 같은 구름이 소담스레 피어있는
어느 작은 간이역에서
그대에게로 향한 그리움의 쪽문을 닫고
젖어 울리는 사랑도 지웁니다

살다가 온몸 흔들어 낙하하는 바람
무시로 가슴에 꽂혀
사랑이라는 이름으로 사랑을 불러내어도
지금은 사랑이라는 이름을 빌려
그대에게로 향한 그리움의 쪽문을 닫고
모든 것의 원천이 되었던 사랑도 지웁니다
아, 그리움도 잠들고 사랑도 숨어드는
지금은 은유의 계절

나를 물들이는 시간

전화 온 줄도 모르고 바쁘게 지나간 하루
휴대전화를 열고 여기저기 기웃거리다가
좋아하는 에디트 피아프의 목소리를 듣습니다
곡은 흥얼거려도 샹송 가사는 매번 잘 외워지지 않네요
다니엘 비달의 오! 샹젤리제는 어떻고요
문득 갑자기 왈칵 느닷없이
노래 가사처럼 마음을 열고 거리를 거닐며
모르는 이에게 인사를 하고 싶어져요

읽다가 접어 둔 시집에 눈길이 갑니다
끌리듯 단숨에 몇 편의 시를 읽으니
무뎌진 마음에도 미풍은 부는지
말랑말랑 간질간질 몽글몽글하네요
아, 저녁밥을 해야 할 시간입니다
하지만 지금은 이대로가 좋아요
조금만 참아 주세요
지금은 나를 물들일 시간입니다

망각의 강

오랜만에 만난 친구
섬처럼 커피잔 사이에 두고
이십 년도 더 지난 일을
엊그제 일처럼 썰 푼다 풀어헤친다
들쑥날쑥 바람처럼 드나들던 말은
목적지에 당도하기도 전에 길을 잃고
강제 소환당한 어떤 하루가
눈앞에서 맥없이 쓰러진다
바람 한 점 일지 않았는데
찢기고 뜯긴 흔적 역력하다

입에서 금방이라도 튀어 오를 것만 같은 문장
찻잔 속 태풍이 되기도 전에
서둘러 망각의 강을 건너는 그녀
와해된 진실은
밖으로 나오는 족족 허공 속으로 흩어져 버렸다

바람결에 감추고 꽃잎에 묻어두고

저만치서 손 흔드는 이
내 마음을 훔쳐 간 그대네요
느닷없이 발그레해진 얼굴
누군가에게 들켜도 나는 몰라요

약속이나 한 듯 달려오는 이
달뜬 마음 물들인 그대네요
삽시간에 달구어진 마음 더는 참을 수 없어요
숨길 수 없는 마음 그대에게 들켜도 나는 몰라요

무작정 왈칵 보고파지면
하던 일 멈추고 그대에게 전화를 걸겠어요
떨리는 목소리는 바람결에 감추고
입맞춤하고픈 입술은 꽃잎에 묻어두고

바람이 든다는 의미

울 엄마한테 옷은
입고 벗는다는 행위 그 이상의 삶
또 하나의 집이다
고단했던 하루를 옷의 온기로 어루만져주고
바람 든 뼈마디 달래주는 비밀스러운 아지트

추분이 지나면 마디마디 바람 든다며
겹꽃처럼 껴입어야 산다던 당신
벗을 때마다 허물 벗듯 떨어지는 삶의 무게
작은 체구에 어찌 다 감당했을까

뼈에 바람이 든다는 의미를
예전에는 몰랐네, 정말 몰랐네
바람이 든다는 말은 시리다는 말이고
시리다는 말은 아프다는 말임을
아프다는 말은 외롭다는 신호인 동시에
따뜻한 위로가 필요하다는 말 줄임표임을

추억은 애당초 그런 것

습관처럼 커피를 마시고 있었을 뿐인데
거대한 대륙이 몰려와요
바람 한 점 없었는데
예보에도 없던 갈기*까지
추억은 애당초 그런 거라고
농담으로라도 말해 주는 이 있었다면
길 위에서 만난 저들 중
누가 이토록 나의 이름을 저리도록 부르는지
왈칵 꽃송이 피워 부름에 답했을 텐데
어쩌랴
흐린 기억에
밀려오는 풍경을
쓸려가는 이름을
끝끝내 외면하지도 붙잡지도 못하는 걸

---

* 갈기 : 물거품을 일으키며 세차게 맴돌아 오르는 물마루를 비유적으로 이르는 말.
* 물마루 : 바다와 하늘이 맞닿은 것처럼 멀리 보이는 수평선의 두두룩한 부분.

2부

산다는 것은

아름다운 안부

 지난밤 봄바람 편에 사나흘 더 기다려야 얼굴 볼 수 있다는 작약의 타전이 왔다 누군가에겐 사나흘이 십 년보다 더 긴 시간일지도 모른다 왈칵 마음 쏟아지는 소리에 아직 닿지 않은 그대가 불현듯 그립다 그립다는 생각에 꼬리처럼 이어지는 말, 거기

 거기
 설명하지 않아도 도착지가 어디인지 분명한 말

 거기
 불쑥 떠나고 싶을 때
 쏙 나타나는 출입문 같은 말

 거기
 생각나지 않는 이름에 그리움을 포개는 말

 거기
 돌고 돌아서 마침내 당도하는 종착역 같은 말

금낭화와 낮달맞이꽃이 약속처럼 속삭이는
이토록 아름다운 봄날엔
숨기고 싶은 비밀 하나쯤 두고 가도 좋을
마음이 머무는 말

거기, 그대

즐거운 하례마을

나는 이상한 여자입니다
십이월 첫날
어쩌자는 작정도 없이
마음 찢고 나온 생각 따라
별안간 제주에서 살아보기를 하러 온

나는 이상한 여자입니다
대문 없는 단독주택을 빌려
큰 그림을 그리러 온
날마다 제주를 통째로 훔치는 상상을 하지만
한 번도 훔친 적 없는

아무려면 어때요
살 오른 애기동백이 밤마다 무도회를 열고
상큼하고 달콤한 말투를 가진 감귤이
온 동네를 기웃거려도 이상한 것 없는
즐거운 하례마을인걸요

날 것 같은 말투를 바당˚같이 알아듣는 돌과
우리말을 몬딱˚˚ 외국어로 알아듣는 나무 앞에서는

쉿 목소리를 낮춰요
단박에 나무인 걸 들킬지도 모르니까요

아무려면 어때요
아침이면 한걸음에 달려온 한라산이
공천포를 밀어 올린 해와 입맞춤하고
잠들지 못한 저녁이면
더듬더듬 전하는 바람의 안부로 잠이 드는
여기는 서귀포 하례마을인걸요

　* 바당 '바다의 제주도 사투리'
　** 몬딱 '모두의 제주도 사투리'

제주를 통째로 들이는 방법

그리움이 깊어 구멍 난 가슴
기약 없는 기다림에 까맣게 타 버렸네

그리움에 타버린 가슴처럼
검은 돌담길을 거니네

너영 나영* 천천히 걸으며
아영 고영** 찬찬히 둘러보니
나도 그만 겹겹의 시간을 품은 제주의 돌이 되네

하영 하영*** 부는 바람에
나도 마냥 흔들리네

그대로 돌이 되고 바람 되어
동백꽃 향기처럼 제주에 녹아드네

* 너영 나영 '너랑 나랑' 제주도 방언
** 아영 고영 '안 듯 모르는 듯' 제주도 방언
*** 하영 '많이'의 방언

살다 보면 누구나 다 그래

살다 보면 누구나 다 그래
이 말처럼 외로운 말이 또 있을까
같은 공간 마주 보고 있어도
끝내 내 것이 될 수 없는 사람처럼

살다 보면 누구나 다 그래
이 말처럼 가벼운 말이 또 있을까
그 생각만 하면 왠지 쓸쓸하고 쓸쓸해져
화롯불 같은 따뜻한 말이 그립다

오늘도 주인 없는 말이 하늘을 날고
시장 한복판을 서성이다
사연들로 넘쳐나는 저녁거리를 돌아
기억에도 없는 술집에서 막을 내린다

잘 가라
온 생애를 걸고 무시로 곁을 지킨 말
더러 위로도 되었지만
끝내 내 것이 될 수 없어 외로웠던 말

고요하게 참으로 느리게

늘 청춘일 줄 알았던 이름들이여
너를 적시고 나를 물들이는
저 알록달록한 웃음을
'아직은'이라든가
'여전히'라는 말로 위로하지 않아도
기억의 모퉁이를 돌면
추억이 바람처럼 들락거리고
추억처럼 아름다운 사람들이
별처럼 반짝이는 동안에는
고요하게 참으로 느리게 저물게 하소서

오늘은 왠지 낙서 같은 편지를 쓰고 싶다

왈칵 누군가 그리워지는 가을날
어디선가 익숙한 음성이 골목길을 돌고 돌아
가만가만 나의 이름을 부르는 것만 같다
오늘은 왠지
시도 때도 없이 봄이었고 꽃이었던 시간을 불러내어
매 순간 그리움이었고 사랑이었던 그때로 돌아가
낙서 같은 편지를 쓰고 싶다
너무 빨리 막을 내린 사랑을 위해
잃어버린 우리들의 봄을 위해
어디선가 헤매고 있을 추억을 위해
그러나 사랑이여, 밝아 오는 아침이면
문장의 행간을 미처 다독일 사이도 없이
너는 바람처럼 떠나라
한때는 사랑이었고
지금은 간간이 그리움인
끝내 무엇이라 이름 붙일 수 없는 이름이여
두 번 다시 내 이름을 부르지 마라

뜨거움에 대해 물으면

누군가 뜨거움에 관해 물으면
눈빛의 언어로 속삭이리
속삭임이 너무 깊어 알아듣지 못하면
지나가는 바람의 말로 대답하리
바람의 말이 너무 빨라 알아채지 못하면
두려움 없는 순간과 마주한 적 있는지 물어보리
마주 앉은 그대가 선뜻 말을 잇지 못하면
단 한 순간이라도 집착 아닌 간절함을 위해
거침없이 사랑한 적 있는지 물어보리
가만가만 고개 끄덕이는 그대에게 화답하듯 속삭이리
우리들의 생애는 온통 예고 없는 소식들로 붐볐고
어느 한순간도 간절하지 않은 적 없었노라고

산다는 것은

산다는 것은 가르쳐 주지 않아도
흐려지고 깊어지는 경계를
이해해야 하는 날들이
수없이 많다는 걸 깨닫는 것이며
스스로 만든 독방으로 들어가야 하는 날이
여전히 많다는 걸 인정하는 것이며
흔들리며 사랑해야 하는 농담 같은 현실도
받아들여야 한다는 것이다

산다는 것은
그 어떤 혹독한 시련이 닥쳐도
견디어 내는 거라는 걸
타오르는 불길 속으로 뛰어들고서야
비로소 아는 것이다

아물지 않는 상처란 없다

상처를 건드려 아프지 않은 사람은 없다 그러나
아물지 않은 채 덮어버린 상처는
언젠가 터질 시한폭탄과도 같은 것
상처는 본래 건드려서 아픈 것보다
돌보지 않아 절망이 되어버린 상처가 더 가혹한 법
상처를 건드려 아프지 않은 사람은 없다 그러나
죽음보다 깊은 상처도
세월 앞에서 아물지 않는 상처란 없다

삶 · 1

태어날 때
운명이라는 이름의 바코드 하나를 분양받았어요
소멸시한은 사용할 수 있는 그날까지로 되어 있지요
욕심이 살래살래 꼬리 치며 들어서면
내 몸을 관리하는 주인이 주는 대로 다 먹어 치웠어요
누가 내 몸의 수평 상태를 확인해 주세요.
얼룩진 내 몸이 다시 정갈해질 수 있도록
사용설명서를 꼭 확인해 주세요
욕심과 근심이 많은 장소에 날 버려두지 마세요
절연이 나빠져 절망에 감전될 위험이 있어요
누가 나에게 희망으로 가는 문을 열어주세요

삶 · 2

그대는 행복의 놀이터며 또한 아픔의 바다다
그리움의 원천이며 외로움의 바다인 그대는
사랑의 보고(寶庫)*며 또한 눈물의 집이다
모든 것의 원천이며 풀리지 않는 억겁의 시간이다

---

* 보고(寶庫) : [명사] 귀중한 것이 많이 나거나 간직되어 있는 곳을 비유적으로 이르는 말

삶 · 3

삶이 그대를 속이는 날
바람처럼 길을 나서라
서러운 마음 댓돌 위에 두고
그대 영혼의 심지에 불을 댕겨
지는 해처럼 숨어버린 희망 한 올을 찾아

삶 · 4

연일 내린 비에 꽃잎들 홀연히 진다 해도
마지막 잎새의 꿈을 저버리기엔
우리가 사랑한 지난 시간이 너무 눈부시다
보라 하나의 삶을 향해 매달려있는 저 잎새를
끝나지 않은 잎새의 꿈을
사람아, 살다가 문득
사는 것이 미로 속 같아 힘겹다 느껴질지라도
하나의 삶을 향해 혼신의 정열을 바쳐
한 뼘 한 뼘 더 넓은 영토를 확장해 나가는
잎새의 꿈을 가벼이 여기지 마라
삶은 꿈꾸며 행동하는 자에게 먼저 베푸나니
오직 사람만이
오직 사랑만이 희망인
그대 거룩한 영토를 위해
일어서 새날을 즐거이 노래하라

삶 · 5

사랑만이 전부라고 말할 수 있는 사람은
자유로이 거니는 아름다움을 알지 못한다
그러나 사람만이 유일한 희망이라고 말할 수 있다면
그 사람은 인생이라는 그릇에
무엇을 채워갈 것인지를 아는 사람이며
지나온 길 지우며 걷지 않고도
거울 같은 자신과 만날 수 있는 사람이다

사랑이 별거 아니라고 말하는 사람은
마주 바라보는 작은 기쁨을 알지 못한다
그러나 어느 순간 따스한 눈길을 간절히 바란다면
그 사람은 이 세상 그 무엇도
끝내 이해할 수 없는 것은 없다는 것을 아는 사람이며
지나온 길 위에 새로 펼쳐진 소박한 오솔길을
즐거이 산책할 수 있는 사람이다

삶 · 6

어쩌겠어요
불같이 뜨겁다가도
이내 차가워지는 게 당신 매력인 걸
어쩌겠어요
달아날수록 자꾸만 미련이 남는 걸
어쩌겠어요
돌아서면 다시금 당신이 기다려지는 걸
어쩌겠어요
피할 수 없다면 즐길 수밖에요

삶 · 7

침몰하는 폐선처럼
생의 한가운데서 허우적거릴지라도
소금기 없는 얼굴로
한때는 꽃이었을
생의 뒤꿈치를 그리워하지 말라
꽃같이 환한 얼굴로도
한 시절 노래였을
생의 심장을 함부로 더듬지 말라
더듬거리는 용서 앞에
세월의 귀를 자르고
시간의 걸음을 더디게 할
묘약이 준비되어 있지 않다면

삶 · 8

그대가 없어도 아침은 열리고
하루해는 저물어갔다

그대가 없어도 봄은 오고
꽃은 피고 그런대로 좋았다

그대의 빈자리는 그대로인데
때가 되면 밥 먹고 잠자듯
다시 아침은 열리고
꽃은 피고 나는 웃었다

우리 사랑의 빛은 몇 룩스일까

너만을 위해 길 하나 터 준
내 사랑의 빛은 몇 룩스일까
내가 아니면 아무런 의미가 없다는
네 사랑의 빛은 몇 룩스일까
정녕 사랑했지만
사랑하는 방식이 달라
끝내 평행선으로 달릴 수밖에 없었던
우리 사랑의 빛은 몇 룩스일까

3부

꽃피는 봄날에는

봄날

햇살 좋은 날
먼 길 돌아온 바람의 전언을 듣다가
시간이 버무려낸 구름의 연서를 읽다가
실눈 뜨고 오는 봄의 속살을 만지다가
온 우주를 들었다 놨다 하는 꽃들의 행진을 본다
이런 날
가만가만 스며드는 봄비처럼
마디마디 매듭 풀고
네가 오면 좋겠다

네가 와서 꽃이 피었다

이토록 그리운 네가 있어 봄이다
그토록 기다리던 네가 와서 봄이다
저토록 사랑하는 둘이라서 봄이다

그리운 네가 와서
기다리던 네가 와서
사랑하는 네가 와서 꽃이 피었다

사랑하면 예뻐진다는 말은
핀다는 다른 말
핀다는 말은 사랑한다는 또 다른 말

네가 와서 꽃이 피었다
예쁘다
사랑이 피었다

명자꽃 · 1

3월 하순에 명자가 왔네
부르지도 않았는데
수줍게 웃으며 자박자박 걸어오네
한 번쯤 들어도 봤을 법한 이름
흔한 이름에 놀라고
촌스러워서 또 놀라는
한번 들으면 잊을 수 없는
명자 명자 명자야
은은하면서도 매력이 넘치네
명자가 가는 곳마다
온 동네 붉은 웃음 걸리고
이 사람 저 사람 쳐다보기 바쁘네

꽃은 다 예쁘다

저 꽃은 저래 저래서 예쁘고
조 꽃은 조래 조래서 예쁘고
이 꽃은 이래 이래서 예쁘고
요 꽃은 요래 요래서 예쁘다

사랑하는 너는
세상 그 어떤 형용사보다 우위에 있다.

그냥 예쁘다
하냥* 예쁘다
마냥 예쁘다
너라는 이름의 사랑꽃

* 하냥 : '늘'의 방언

이팝나무

달빛이 집 짓고
바람이 뼈를 묻는 시간
이팝나무가 수상하다
때 아닌 윤삼월에
이토록 많은 눈
저토록 황홀한 별들
기별도 없이
거리도 없이
내리고 돌아나네

풍년예보

오월에도 눈이 내린다는
밀양 위양지로 너와 함께 달려갔네
아름다운 완재정을 앞에 두고
사랑을 속삭이는 사람들
너도나도 배경처럼 절로 풍경이 되고
눈빛 머무는 자리마다
예고에도 없던 눈 내리고 쌓이고

우야꼬! 폭설이데이
눈밥이 소복소복
올해는 참말로 풍년이겠다

봄이 오는 길목에서

살아서 외로웠던 사람 더는 외롭지 말라고
선물처럼 두고 온 서향 한 그루에서
죽어서 더 그리운 사람들이
별꽃처럼 피었다는 소식이 안부처럼 들려
반가운 마음에 천 리를 걸어서도 만나고 싶은
이름들에 편지를 씁니다
하고 싶은 말은 많은데 오랜만의 안부가 마음에 걸려
정작 들려주고 싶은 이야기는 서향 꽃잎에 묻어둔 채
안녕이라고 썼다가 지우고
그곳도 봄인가요라고 고쳐 썼다 지우고
살아서 외로웠던 사람에게라고 써서
봄이 오는 길목에서
성급하게 건져 올린 소식들을 띄웁니다

하여간 지금은 봄봄봄

봄은 부사가 가장 잘 어울리는 계절이다
도란도란 지지배배 아장아장
실로 과연 설마 아마 어찌
알고 있는 부사를 다 나열해도
살금살금 고양이 담 넘듯
바다 건너 산 넘어와서
눈길 닿고 발길 머무는 어디라도
가릴 것 없이 스며 퍼지는 저 환한 미소
찬란한 봄을 설명할 수 없네
하여간 지금은 아름다운 봄봄봄

목련

허공에 핀 연꽃이여
예쁘다, 예쁘다 해도
누군들 너보다 더 고울까
환하다, 환하다 하여도
등불이 이보다 더 환할까
떨어지는 모습마저 거룩한 너는
우리들의 자화상
흔들릴 때마다
맹세는 화려해지고
꽃잎에 새긴 꿈은 높아만 가네

봄 이야기

비바람에 강제 연행된 꽃잎이
발 묶인 자동차 지붕 위에서 가부좌를 틀고
물끄러미 행인들을 바라본다
때맞춰 쏟아지는 봄
그 너머의 이야기가 한창이다

명자꽃 · 2

 명자라는 너무 흔하고 촌스러운 이름을 가진 그녀의 고향은 중국이라고 했다 어쩌다 알게 된 그녀는 오다가다 만난 사람 중 한 사람일 뿐인데 머나먼 이국땅에서의 생활이 외로웠던지 묻지도 않았는데 고향에서는 그녀를 산당화라 불렀다는 이야기까지 했다 키는 작지만 화사하고 아름다운 그녀는 볼수록 신비한 매력이 숨겨진 묘한 여자였다 불안할 만큼 투명한 그녀의 붉은 얼굴 때문도 아닌데 평범 속에 숨겨진 조숙함 때문만도 아닌데 촌스러운 이름 때문에 첫 만남에서 나를 웃게 했던 그녀는 이상하게 나의 봄을 어지럽히고 있다

 동네 어른들은 그녀와 어울려 다니면 봄바람난다고 그녀와 말 섞는 내게 눈총을 주지만 볼수록 은은하고 청초한 느낌을 주는 매혹적인 그녀를 모른 척할 수는 없었다 봄바람이 성가시게 불어대던 어느 날 저녁 그녀에게도 표독스러운 가시가 있다는 걸 알게 되었다 자신을 지키기 위한 어쩔 수 없는 선택이라고 말하며 선홍색 입술을 깨무는 그녀가 슬프도록 아름다웠다 그때 알았다 어떤 이유로든 아름다움이 있는 것은 가시가 있다는 것을, 그 가시가 있어 아무나 가까이할 수 없는 도도함까지 갖춘다는 것을

흔한 이름 때문인지 못 본 동안 잊고 있었던 그녀가 한 장의 엽서처럼 불쑥 가슴에 날아든 건 그녀를 못 본 지 달포쯤 지난 어느 날 오후였다 사랑만 하고 살겠다던 그녀가 한 번 본 남자를 따라 서울로 시집갔다는 소식은 적잖은 충격이었다 그녀와 내가 무슨 로맨스가 있었던 것도 아닌데 터질 듯 터질 듯이 피어나던 그녀의 미소와 물먹은 볼처럼 통통한 그녀의 얼굴이 눈앞에 아른거려 그만 나도 몰래 선홍색 입술을 깨물고 말았다

　찬란한 나의 봄은 그렇게 그녀로부터 왔다 지고 있었다

정살롱으로 가자

춘삼월 꽃바람 난 마담도 없는데
많고 많은 이름 중에
하필이면 정살롱인지 묻지를 마라
계절 따라 날씨 따라 틀어주는 음악도 없고
취향 따라 기분 따라 마시고 싶은 커피도 없지만
괜스레 입이 궁금하거나 심심한 날
입맛 따라 골라 먹을 수 있는
크로켓이 맛있는 정살롱으로 가자
떡하니 뽐내는 간판도 없는데
어째서 내비게이션은 알아서 척 데려다주는지 묻지 말고
느닷없이 왈칵 사랑이 그리운 날에도
사랑하는 사람을 만나러 가는 사람처럼
정살롱이 문을 닫는 오후 3시 전에
사푼사푼 꽃바람 일으키며 가자

* 시작 노트 : 대구시 남구 대명동 경북예고 근처에 맛있는 크로켓 파는 가게가 있다. 간판이 없어 자세히 보지 않으면 지나치기 쉬운 그곳을 사람들은 정살롱이라고 부른다. 똑똑한 내비게이션 덕분에 찾아간 정살롱의 크로켓 나오는 시간은 오전 11시나 12시지만 언제든 재료가 다 떨어지면 가게 문을 닫는다고 한다. 문 닫는 시각이 정해져 있는 건 아니지만 보통 오후 3시쯤이라고 한다. 크로켓이 맛있는 정살롱을 다녀온 후 나른한 봄날 같은 시시한 詩를 쓰고 싶었다.

복수초

까르르 웃음 터진
암팡진 저 계집 좀 봐
무슨 말을 하려다
꼭 다문 입술처럼
겨우내 동안거에 들더니
어머니 젖무덤 같은
보드라운 대지의 피부를
겁도 없이 들썩이네

어쩌자고 그리움만 쌓이는지

어쩌자고 정말 어쩌자고 하늘은 저리도 눈부신지
어쩌자고 참말 어쩌자고 바람은 이리도 살랑대는지
어쩌자고 정말로 어쩌자고 등꽃은 저렇게 피어나는지
어쩌자고 참말로 어쩌자고
덩굴이 오른쪽으로만 감기듯 너만 보이는지
시절이 하 수상하여 오도 가도 못하는데
어쩌자고 진짜로 어쩌자고 그리움만 쌓이는지

가끔 아주 가끔은

가끔 아주 가끔은 바람 불지 않아도
낯설어서 더 사랑스러운 나를 만나고 싶다
익숙한 거리를 돌아서 걸어도 보고 싶고
감흥 없이 듣던 음악도 가사를 떠올리며 듣고 싶다
맛은 잘 모르지만 즐겨 마시던 커피보다
눈을 사로잡고 마음을 적신다는 와인에 취하고도 싶다

가끔 아주 가끔은 비에 젖지 않아도
그리움이란 이름으로 어제를 되새김질하고
사랑이란 이름으로 오늘을 마시고 싶다
깃발처럼 펄럭이는 욕망을 위해
누구도 판독할 수 없는 그리움을 위해
집착 아닌 간절함을 위해

기다림의 습성

기다림이 만남을 목적으로 한 풍경이 아니라 해도
도라지꽃 소곤대는 언덕을 지나고
밀어로 속삭이는 산길을 거니는 동안에도
그대라는 이름은
마주치는 풍경마다 시도 때도 없이 흔들어댑니다
지난 시간 그대와 내가 무심코 꺾어 버린 나무는
숲이 되지 못하고 미처 돌보지 못한 현실이 되었지만
그리움의 골짜기마다 불 밝히는 기다림의 습성은
허리 한번 낮추는 법 없습니다
가고 오지 못한 이여,
기다림이 만남을 목적으로 한 풍경이 아니라 해도
사랑보다 먼저 기다림의 습성을 배운 이력으로
오늘 하루 참으로 행복했습니다

꽃피는 봄날에는

봄날에는 우리들의 시간이
봄꽃처럼 환하게 물들 수 있기를 기도하자
사랑하는 일이 나를 내어 주는 일임을
미처 다 알지 못한다 해도
닫혀있던 문이 절로 열리는 봄날에는
어여쁜 꽃송이 피워 올리는 마음으로 사랑하자
농담 같은 현실 때문에 동굴 속을 헤매는 날이 있어도
꽃피는 봄날에는 너도나도 꽃이 되어 웃어보자

친애하는 그대에게 띄우는 봄 편지

친애하는 그대
봄은 밤도 아름답다는 누군가의 말이 떠오르는
지금은 너무도 황홀한 밤이에요
열린 창 사이로 달콤한 바람이 묻어오네요
당신을 처음 만난 그해 봄
그대와 나 사이를 수없이 들락거리던 바람을 닮았어요

당신을 만난 후로 벌써 몇 번의 봄이 지나가 버렸지만
해마다 봄이면
사람도 풍경도 아름답게 느껴지는 이유가
당신과의 인연 때문인지
수수꽃다리 향기 때문인지 알 수가 없어요

친애하는 그대
수수꽃다리 그윽한 봄밤에
나는 그만 잠도 잊은 채 그대에게 편지를 띄워요
하고픈 말이 너무도 많아 쓰지 못한 편지지 위로
꽃송이들이 앞다투어 피어나네요

어여쁜 꽃에 반하고 향기에 취한 나는
나이도 잊은 채 그대에게로 가는
영혼의 다리를 단숨에 만들고 한걸음에 달려가요

오늘 바람결에라도
친애하는 그대에게 띄우는 봄 편지 받거든
그대, 부디 잘 있노라 소식 주세요

4부

어느 가을 아침

동백꽃

섬처럼 떠다니는 이름 위에 등불을 켜고
죽음보다 깊은 맹세를 새겼지만
한 줌 바람에도 한숨은 깊어지고
한 움큼의 햇살에도 까닭 모를 눈물 고이는
이내 사랑을 어쩌란 말입니까
잊을 수도 없고 지울 수도 없어
노래가 되고 강물이 되어 흘러간
그리움을 어쩌란 말입니까
시간의 문턱을 지나
계절의 강을 건너는 동안에도
그대만을 뜨겁게 사랑한 죄를
이제 와 어쩌란 말입니까

그리운 사람이여,
그대 눈길 닿는 길목마다
눈물 글썽이며 피어나는 꽃을 보거든
그리워하다 하다 빨갛게 멍든
이내 가슴인 줄 아시어요

2월을 사랑할 수밖에 없는 이유

2월을 사랑할 수밖에 없는 이유는
이별이 서툰 자를 위해
조금만 더, 라는 미련을 허락하기 때문이고
미처 사랑할 준비가 되지 않은 이에게는
아직은, 이라는 희망을 허락하기 때문이고
갓 사랑을 시작한 이들에게는
그리운 너에게로 거침없이 달려가는
따스한 가슴을 허락하기 때문이다

장마 · 1

온다는 기별은 진작 받았지만
멀리 떠난 당신이 하마 올까 하여
마중할 채비를 서두르지 않았는데
약속을 목숨처럼 귀히 여기는 당신은
걸음걸음 소문내고 오네요

먼 길 돌아오는 동안 사정이 생겨 오지 못한다 해도
미워하거나 토라질 내가 아닌데
어쩌자고 사흘밤낮 쉬지 않고 달려와 울리는지요

그토록 그리워하던 사랑이라서
당신 가슴팍에 안겨 지낸 며칠은 철없이 좋았습니다
그러나 당신의 카리스마에 주눅 든 내 사랑은
점점 말을 잃고 당신은 아니 온 듯 떠났습니다
흔적 고스란히 상처로 남았습니다

장마 · 2

오랜만에 듣는 그대의 잔소리는 정겹기도 하지만
하루가 멀다고 퍼부어대는 바람에 지겹기도 하오
꽃노래도 한두 번이지
그대의 목소리는 이전처럼 낭만적이지만은 아니 하오
독재자처럼 구는 그대의 행동에
슬슬 짜증이 나기 시작했소
제발 갑인 그대가 못 이기는 척 그만두오
이러다 정말
그대의 깊이를 알지 못한 채 멀어질까 두렵소

감당할 수 있을 만큼의 그리움으로 다가서고 싶다는
그대의 말을 아직도 기억하오
지금도 같은 마음이라면
아니 온 듯 조용히 지나가 주오

분꽃

 오다가다 아는 사이인 그녀에 대해서 아는 거라곤 분이라는 이름과 친정이 멀리 열대 아메리카라는 사실 외에 나이가 몇인지 결혼은 했는지 이사는 언제 왔는지 알지 못한다 지루하던 장마가 꼬리 감추며 사라지던 날, 가끔 들르는 미장원 골목 어귀에서 분이를 만났다 말도 없고 낯빛마저 어두워 무슨 일 있냐고 물어볼까 싶었지만 어쩌다 마주쳐도 처음 대하는 사람처럼 다문 입술은 열릴 줄 모르기에 천성이 그런가 보다 생각했다 분이에 대한 관심이 무디어져 갈 무렵, 수줍어서 대답도 못 했던 그녀가 바람이 났는지 해지기 무섭게 어디론가 바삐 간다는 소식이 들려왔다 그녀를 보았다는 사람들은 말을 맞춘 듯 딴 사람인 양 곱다고도 하고 동네 소식통인 서울댁은 화장기 없던 얼굴에 분을 발라서인지 선녀가 따로 없다며 홍분을 감추지 못했다 발 없는 말이 천리를 간다는 무성한 소문은 여름 내내 사람들 사이에서 맴돌아 끝내 그녀가 멀리 이사 갔다는 이야기까지 들려왔다 열대야로 잠을 설친 이른 새벽, 휴가를 떠나는지 까만 가방을 메고 지나가는 그녀와 마주쳤는데 보고도 믿을 수 없을 만큼 예뻤다 철부지 소녀의 볼이 이처럼 붉을까 수줍은 새색시 입술이 저토록 진할까 미치도록 뜨겁던 나의 여름도 전염이 되는지 분이처럼 수줍게 익어가고 있었다.

꽃무릇

못 잊어 못 잊어서
그대 눈길 닿는 곳에 피었습니다
그리워 그리워서
그대 손길 닿는 곳에 피었습니다
행여 그대 오실까
그대 발길 머무는 곳에 피었습니다
애타게 기다리던 길목마다
그리움 무더기로 피었습니다
단장한 여인의 긴 속눈썹같이
마음에 새긴 붉은 입술같이
뜨겁게 피고 지는 어여쁜 꽃 보거든
못다 한 사랑이 그리워 찾아온 줄 아시어요

오동나무

사랑이 어디서 와서
어떻게 시작됐는지 묻지 않겠다
얼마만큼 그리웠냐고
얼마만큼 간절했냐고 묻지를 않겠다
자줏빛 등불 매달고
천년을 하루같이 사랑가 불러대는 동안
설움에 겨워 곡조마저 끊고 싶은 날
또 얼마나 많았느냐고 묻지도 않겠다
다만 탁본처럼 새긴 이름 하나 붙들고 사는 그리움이
얼마나 가슴 에이는 아픔인지만 묻겠다

태풍주의보

애틋한 눈길로 바라보지 마세요
바싹 다가오지도 마세요
스치는 바람에도 가슴 무너지는 겁쟁이랍니다
당신은 아니온 듯 지나가면 그만이지만
당신의 무모한 사랑에
쓰러지고 무너질까 두렵습니다

또다시 가을인가 봅니다

생각만으로도 아름다운 배경이 되는 사람이여
나를 돌아보고 우리를 이야기하는 가을이 왔습니다
낙엽처럼 쌓인 욕심과 단풍처럼 물든 미련 사이에서
오도 가도 못하는 나의 마음은
누군가의 여름보다 뜨겁고
어떤 이의 겨울보다 더 깊고 외로울 것 같은
불안한 예감이 듭니다

떠올리는 것만으로도 아픈 이름이여
겨울을 예고하는 비가 나뭇잎을 흔들고
국화꽃을 잠들게 하는 이 시간
약속이나 한 것처럼 잊었던 얼굴과
모른 채 살았던 이름들이 우수수 쏟아집니다
어쩐지 자꾸만 이토록 아름다운 계절이
누군가에게는 한없이 쓸쓸한 계절이 될까 두렵습니다

가만히 부르기만 해도 절로 눈물 나는 이름이여
세월을 무시한 추억들이 기별도 없이 찾아오는 걸 보니
또다시 가을인가 봅니다

지금은 가을이라네요

낙엽처럼 쓸쓸한 사람이
어디론가 떠나고픈 사람이
수신인 없는 편지를 쓰고픈 사람이
노래 가사 한 줄에도 가슴 무너지는 사람이
집으로 향하는 차량의 불빛이 부러운 사람이
불 켜진 창가에서 나오는 인기척이 그리운 사람이
좋은 사람들과 따뜻한 이야기를 나누고픈 사람이
누군가의 어깨에 기대어 울고픈 사람이
색색의 단풍처럼 물들어가는
지금은 가을이라네요

가을 편지

잊었다고 생각했는데
잊었는가 싶었는데
낙엽처럼 우수수 쏟아지는 그대를 보며
추억도 뜻밖의 재회가 된다는 사실을 알았습니다
병처럼 도진 그리움
천하에 약도 없다는데
사방천지 아니 머무는 곳 없는 그대 때문에
오늘 하루 그만 쓰다만 유서처럼
아무것도 할 수 없었습니다

어느 가을 아침

밖으로 나가 밤새 떨어진 장미잎 쓸어 담고
정원에 제집인 양 들락거린 길냥이 흔적 치우고
라일락, 매화, 산수유 할 것 없이 꼼꼼하게 물 주고
옥상에 올라가 그늘을 내어 준 나무들과 눈인사하고
벤치에 앉아 멍하니 하늘을 바라본다
파란 하늘이 바다처럼 맑고 깊다

식전부터 커피 한 잔 마시고 싶어
아래층으로 내려와 커피포트에 물 올리고
창문 열고 자식 같은 화분들 물 주고 나니 물은 끓었다
좋아하는 명품 커피도 있는데
종이컵에 달랑 절반도 안 되는 커피믹스 한 잔이라니
예쁜 커피잔이 저리 수두룩한데
편하다는 이유가 맛도 분위기도 다 포기한
어느 가을 아침

지금은 내 인생의 가을

어느 날 문득 낯선 그리움에
애틋한 마음을 숨길 수 없을 때
아무리 행복한 사람도
가끔은 혼자라는 생각이 들 때가 있다
그러한 때, 그대 자신을 들끓게 하는 것들 사이에
한 잔의 향 좋은 차 물을 끓인 듯
한 잔의 향 좋은 커피를 마시듯
그대 자신과 낯선 그리움 사이에
적정 온도와 일정 거리를 두라

우리는 종종 지나친 열정보다
애틋한 마음을 숨길 때
함께 달리는 평행선일 때보다
사이를 비워둔 일정한 거리를 느낄 때
자신과 타인에게 더 관대해진다는 것을 기억하라

아, 지금은 내 인생의 가을
서늘한 침묵의 온도와
사이를 비워 둔 일정한 거리가 절실한 때

가을이 다 가기 전에

바라보는 것만으로도 눈부셨던 사랑도
생각만으로도 안타까운 이별도
늘 한 뼘 사이에 있었음을
우리가 미처 다 알지 못한다 해도
가을이 다 가기 전에
더 깊이 사랑하지 못했음을 반성하고
더 많이 용서하지 못했음을 반성하고
더 오래 기다려주지 않았음을 반성하고
허락 없이 미워했음을 반성하고
흔들리고 절망했던 나약함을 반성하고
반성도 없이 누렸던 행복을
돌아볼 줄 아는 이가 되게 하소서

11월에는

붉은 가을이
그대 웃음에 걸려 서성이는 동안에는
즐거운 마음으로 아침을 영접하고
떨어짐마저 기쁘게 허락하는 나무의 삶을 배우자
찬란한 가을이
그대 이마에 앉아 꿈꾸는 동안에는
겸손한 마음으로 밤을 배웅하고
인디언처럼 춤추고 노래하자
늦었다고 생각하는 순간이
가장 빠른 때라는 걸
미처 이해하지 못한다 해도
아직 모든 것이 완전히 끝나지 않은 달 11월에는
꿈을 노래하고 희망을 이야기하자

첫눈을 기다리는 동안에는

첫눈을 기다리는 동안에는
기다림만으로도 추억이 되고 행복이 되는
마냥 좋은 한 사람을 그리워해야지

첫사랑 닮은 첫눈이 내리지 않는 동안에는
도무지 그칠 줄 모르는 그리움을 위해
즐거운 연서(戀書)를 써야지

그렇게 기다리던 첫눈이
오랜 기다림을 허락한 후에
내렸으면 좋겠다고 생각되는 밤이면
첫눈을 기다리는 동안에 일어났던 이야기를
생각만으로도 설레고 보고 싶은 그대에게
밤이 깊도록 들려줘야지

12월엔

그리움이 얼마나 짙어
바다는 저토록 잉잉대는지
바람은 또 얼마나 깊어
온몸으로 뒤척이는지 묻지 마라
차마 말하지 못하고
돌아선 이별처럼
사연들로 넘쳐나는 12월엔
죽도록 사랑하지 않아도 용서가 되고
어쩌다 보니 사랑이더라는
낙서 같은 마음도 이해가 되는 12월엔

겨울엽서

그리워하다 하다
숨길 수 없는 마음
함박눈처럼 펑펑 쏟아지는 날이면
폭설처럼 쌓여있는 사랑을 이야기하자
어디에도 숨을 곳 없는 그리움을 이야기하자
도무지 그칠 줄 모르는 간절함에 관하여 이야기하자
하늘의 별들이 숨을 거두는 그날에도
오늘이 영영 오늘로 살 수 없는 그날에도
여전히 우리로 살아야 할 부분이 너무도 많은
우리 사랑을 이야기하자

5부

엄마의 명약

엄마의 명약

친정집에는 콩나물시루가 배경처럼 놓여 있었다

온 식구가 함께 살던 그 시절, 콩나물은 비빔밥 단골손님인 콩나물무침 파 송송 시원한 콩나물국 콩나물이 들어가 더 맛난 갱시기로 가족들의 입맛을 살렸다

일 년에 두세 번 고향 집을 찾으면 엄마가 안 계신 마루에 앉아 어린 시절을 떠올리면 생각나는 건 몸살감기로 앓아누웠을 때 엄마가 끓여주신 갱시기 한 그릇

아플 때 약을 먹어도 며칠은 가는데 따끈한 갱시기 한술을 뜨면 씻은 듯 낫는 기분이 들어 아플 때면 갱시기를 찾았다 어쩌다 몸살감기로 몸져눕는 날이면 왈칵 엄마가 보고 싶고 멸치육수에 식은 밥과 콩나물파계란 김치떡국북어고구마를 넣어 끓인 영양 만점 울 엄마표 갱시기가 그리워서 털고 일어나 갱시기를 끓인다

한 그릇의 갱시기를 잊지 못하는 건 엄마의 사랑이 못내 그립기 때문이고 오래전 그날의 온도 습도 바람 냄새 눈빛 목소리를 기억하기 때문이다 아플 때나 마음

이 허전할 때 가만가만 위로를 건네는 나의 최애 음식이자 마음을 적시는 갱시기

당신에게도 마음에 위로를 주는 음식이 있나요?

* 갱시기 : 경상북도 김천시. 의성군. 상주시. 문경시. 예천군. 구미시. 경주시. 고령군. 성주군. 경상남도 거창군. 합천군 지역 쪽에서 먹는 향토 음식. 갱죽으로도 부른다.

남편

결혼하면 없던 효심도 생긴다는 K 장남의 표본
아버지라면 입 안의 혀처럼 알아서 하는 효자
시댁에 관해서는 끝없이 인내심을 요구하는 간 큰 남자

내가 해 준 밥을 세상에서 제일 맛나게 먹고
달걀말이와 볶음밥도 잘 만드는 남자
사소한 이야기에도 잘 웃어주고
내 말을 기억했다가 감동을 선물할 줄 아는 남자

비교하는 걸 세상에서 제일 싫어하고
자상하지만 내게 온탕과 냉탕의 맛을 알게 한
아버지도 오빠도 아닌 선생님은 더 아니면서
자꾸 뭘 가르치려 드는 남자

세상에서 나와 아이들을 가장 사랑하고
나와 아이들이 세상에서 가장 존경하는
지구상 다 둘러봐도
제일 편하고 기댈 수 있는 유일한 사람
위에 나열한 걸 다 빼고도 내가 가장 사랑하는 남자

자랑스러운 아들에게

사랑하는 아들…
오늘 하루도 수고 많았어
지금은 모든 사물이 고요해지는 깊은 밤이야
이 생각 저 생각에 잠 못 들고 뒤척이다가
오랜만에 너에게 편지를 써

어린 시절 수학영재였던 네가
고등학교 때부터 기대에 못 미쳐
목까지 차오른 말을 누르고 아무렇지 않은 듯
위로와 응원의 말로 그날의 너의 기분을 살폈지

성적이 인생의 전부는 아니지만
잘하면 선택할 기회는 더 많다고 생각했던 엄마는
언제 터질지 모르는 활화산 같은 너를 보며
오랫동안 살얼음판을 걷는 기분이었어

대학에 진학한 후에도 너의 방황은 봉합되지 않아
가끔 불편한 마음을 드러낼 때마다
엄마의 욕심이 널 힘들게 한 것 같아 마음 아팠어
이런 내게 엄마 친구는

평생 효도할 것 어릴 때 이미 다 했다며
뭘 더 바라냐고 위로와 조언을 해 주었지
그때 너로 인해 얼마나 많은 행복을 느끼며 살았는지를
새삼 다시 생각나게 했어

두 살 때 네가 사용한 컵이랑 숟가락을
까치발을 세워 싱크대에 쏙 던져 넣을 때도
세 살 때 청소하는 엄마를 따라
빗자루 들고 흉내 낼 때도
다섯 살 때 누나 따라 무용복 입고 춤을 출 때도
어느 것 하나 사랑스럽지 않은 일은 없었어

가끔 넌 군대 이야기를 할 때
얼굴에 웃음이 묻어나는 걸 숨길 수 없더라
군시절이 정말 행복했다는 너
고향도 성격도 취미도 제각각인 사람들 속에서
세상을 바라보는 시선도 더 넓어졌고
분대장 하면서 책임감과 배려심도 더 커져
널 보면 남자는 군대 가야 한다는 말을
조금은 이해할 수 있을 것 같아

세월이 흘러 어엿한 사회인이 된 지금

너는 일하는 게 즐겁고 행복하다고 말하지
그래도 힘들고 지칠 땐 네가 행복하기만을 바라는
널 사랑하는 가족이 있음을 기억해 줘

네 인생을 야무지게 살아가는 너를 보면
흐뭇하고 고마워 너만 행복하면 됐지 싶다가도
아직 오지 않은 미래와 네가 달려갈 미래가 궁금해져

엄마는 아직도 너의 배냇저고리를 일 년에 두 번
기도하는 마음으로 빨아서 삶고 햇볕 샤워를 해
그러면 왠지 네 인생도 보송보송 따뜻해질 것 같아서

- 너의 건강과 행복을 바라며 2024년 8월에 엄마가.

사랑하는 딸에게

두 눈은 아름다운 풍경과
너를 아끼고 염려하는 착한 사람들을 바라보고
입은 바른말과 상대방을 칭찬하는 기분 좋은 말을 하고
두 귀는 웃음소리와 힘이 나는 말에 행복하게 반응하고
두 발은 보고 싶은 곳과 가고 싶은 곳을 향하여라
두 손은 도움이 간절한 이에게 착한 손이 되고
머리는 냉철한 이성과 긍정적인 생각을 하고
가슴은 작은 목소리에도 귀 기울일 줄 아는
따뜻한 마음을 지녀라

즐겁고 행복한 중에도 힘들고 외롭다고 느낄 땐
너의 눈물을 닦아 줄 수 있는 사람에게
감사하는 마음으로 다가서고
일일이 설명하지 않아도 느낌만으로도 전해지는
한 편의 시처럼 향기로운 네가 되어라

무엇을 하든 선택하고 결정하기 이전에
세 번 이상 생각하고 다름을 인정할 줄 아는 사람
자신의 가치를 높일 줄 아는 사람이 되어
네가 만든 무대에서 즐겁게 꿈을 펼치는 사람이 되어라

꿈을 향해 나가는 과정에서 흔들리는 순간과 마주하면
믿고 응원하는 사랑하는 가족이 있음을 기억하고
용기를 가지고 가장 너다운 방법으로
건강하고 행복한 너만의 길을 만들어라

이 세상 그 어떤 사랑법도

사랑함에 있어
바다는 나에게 두려움 없는 진실을 가르쳐 주었고
물은 자연스럽게 스며드는 지혜를 가르쳐 주었으며
산은 말없이 사랑하는 법을 가르쳐 주었습니다

바람은 끊임없는 용기를 가르쳐 주었고
밤은 겸손하게 기다리는 법을 알게 했으며
시간은 포기하지 않고 일어서는 법을
수많은 경험을 통해 깨닫게 했습니다

나무는 내어 주는 기쁨을 온몸으로 알게 해 주었고
갈라진 틈 사이에 핀 작은 꽃은
삶은 어디에서나 시작되며
의미 없는 인생은 없다는 걸 보여주었지만
이 세상 그 어떤 사랑법도
문밖에 있는 세상까지 끌어안는 법을 알게 해 준
당신의 사랑에 견주지 못합니다

저만치의 거리, 사랑이다

대명역에서 앞산빨래터공원 가는 길
서로서로 알아보는 저만치의 거리
사거리에 서면 뜬금없이 길을 잃는다
길을 몰라서도 아니고
커피전문점 즉흥적인 이름 때문만도 아니다

살아온 많은 날은
길 위에서 시작되고 길 위에서 끝이 났다
열리고 닫히고 다시 여닫기를 몇 번
사랑도 사람의 일이라
서로서로 알아보는 저만치의 거리에서
피어나고 저물고 다시 피고 저물어 간다

딱히 억울할 것도 슬플 일도 없는 하루가
슬금슬금 풍경으로 지는 날이면
가고 없는 사랑을 생각하며
오지 않을 사람을 기다리며
너는 오고 나는 간다

제비꽃 당신

바람 부는 들녘에도 오고
좁은 골목길에도 오고
낡은 보도블록 위에도 오고
갈라진 틈 사이에도 오고
우리 마음속에도 온다

겸손하게 허리를 낮추어야 만나는 당신
강남 갔던 제비 돌아오니 비로소 웃는 당신
온다는 기별에 눈물 마를 날 없는 당신
스치기만 해도 향긋한 분내 나는 당신
너를 들이고 나를 심어 사랑을 약속한 당신

어디에도 있으나 또한 어디에도 없는 당신
제비꽃 앞에 두고 낮은 소리로도 이름을 묻지 마라
곡절 많은 인생 꽃으로 피었으니

* 시 속에 나타난 제비꽃 이름 : 앉은뱅이꽃, 제비꽃, 오랑캐꽃, 남산제비꽃, 반지꽃

지나고 나니 알겠네

언덕 너머 있던 봄이었는데
처녀 가슴처럼 봉긋한 몽우리였는데
어느새 해가 지듯 꽃은 떨어지네

중년의 나도 어느 한 시절
누군가의 마음에 한 떨기 꽃으로 피어
불면의 밤 가져다준 적 있었는데
지는 꽃이여 되돌릴 수 없지만
다시금 꽃이 되고 싶어
이 순간을 거짓말이라 말하고 싶네

삶은 어찌하여
한발 비켜선 후에야 알게 하는지
오늘 밤은 살아온 이력은 꽃잎에 묻어둔 채
그려진 세월을 지우고 싶네

꽃 지니 알겠네
아름다움은
견디어 내야 하는 것에 대한 앓음이란 걸

사랑해요, 라는 말속에

사랑해요, 라는 말속에는
땅속으로 스며든 빗물처럼
자연스럽게 스며든 그대를
기쁘게 인정한다는 뜻이며
있는 그대로의 모습과 볼 수 없는 모습까지도
경계 없이 좋아한다는 뜻이며
그대 한숨과 절망마저도
껴안을 준비가 되어있다는 뜻이며
슬플 때나 기쁠 때 한결같은 마음으로
어루만져주고 웃게 해주겠다는 뜻이며
숨 쉬는 길목마다 사랑으로
함께 성장하겠다는 무언의 약속이며
그대가 내게로 와
세상에서 가장 아름다운 꽃으로 피어나듯
나도 그대에게 있어
지지 않는 의미로 남고 싶다는 뜻이다

너에게로 가는 길

너에게로 가는 길엔
빛보다 더 빨리 가 닿는 내 마음이 있고
시도 때도 없이 거리도 없이 피어나는 그리움이 있고
보고파서 왈칵 솟구치는 눈먼 사랑이 있고
외로움의 끝에서 토해내는 철들지 못한 언어가 있고
눈 마주쳐 바라보며 사랑한 시간보다
그리워하면서 보낸 숱한 불면의 밤이 있고
사나흘 너와 함께라면
백치애인으로 살아도 좋을 섬 한 채가 있고
숨은 한 잎의 꽃을 틔우고
한 줌의 바람을 일으키고
한 움큼의 욕망을 쓸어 담는
내 숨길 수 없는 기도가 있고
숨죽인 그리움의 깊이를 수도 없이 들락거리는
생각의 산맥이 있고 마음의 강이 있다

오늘은 어쩐지 무작정 자꾸만

그거 아세요
당신이라는 사람은
어느 순간부터인가 거리도 없이 내 마음에 들어와
내 영혼을 울리는 악기 같은 사람이 되었다는 걸

그거 아세요
당신이라는 사람은
시도 때도 없이 내 마음에 들어와
눈뜨는 아침에 읽는 조간신문처럼
내 온 세상을 밝혀 주고 있다는 걸

그거 아세요
당신에게만은 어쩐지
나라는 사람의 존재를 기억하게 하고픈 욕심이
날이 갈수록 새잎 돋아나듯 자꾸만 영토를 확장해
얼마나 많은 것에 의미를 부여하게 되었는지

그거 아세요
받기만 하는 나도 다정한 눈길로 오래 바라봐주고
힘이 되는 말을 더 많이 하고 싶어 한다는 걸

오늘은 어쩐지 무작정 자꾸만
당신의 온 세상이 되어주고 싶다는 걸

사랑의 유효기간

나긋나긋한 봄비의 손길로
무딘 감정을 깨워
서로의 사랑이 되었는데

이따금 시간이 없다는 핑계를 대며
멀어지는 연습을 하고
만나면 습관처럼 변명부터 늘어놓지

스며들어 강물처럼 뒤섞이던 설렘은 사라지고
푸석해진 머리카락처럼 윤기 잃은 의무감만 남아
간혹 다른 곳을 보고 웃는 건지도 몰라

두근거림이 빠진 연애는 익숙해서 편하지만
가까워지면 슬그머니 멀어지고 싶고
멀어지면 살짝 다가서고 싶은 건지도 몰라

사랑한다는 건 끌어당기는 일
보드라운 햇살에 꽃 피우는 일

나의 눈빛에 멀어지는 너의 걸음을 끌어당기고
너의 눈빛에 흔들리는 나의 마음이 닿아
예쁜 꽃송이 피워낼 수 있을까

차단된 마음

당신을 감금하던 눈빛을 거두자
저만치서 물끄러미 바라보던 숲도 작아지고
세상 모든 향기도 시들해집니다

당신과 나는 어디쯤에서 꽃이었다가
나무였다가 숲이 되었을까요

침묵이 길어질수록 해는 서쪽으로 더 기울고
눈빛이 흔들릴 때마다
그어둔 빗금은 조금씩 지워져 나갑니다

언제 적부터 있었던 더듬이였을까요
하루도 조용할 날 없습니다
오늘도 바람은 내 머리카락 사이로 넘나들고
당신은 달아나는 나를 잠자코 보기만 할 뿐

출렁이는 마음을 잠재우러 바다로 가야겠어요
바다에 가면 지진 난 마음을 식힐 수 있을까요

당신에게서 걸려 온 전화는 받지 않기로 합니다

사랑모순 · 3

뿌리째 흔들릴 자신이 없으면
지구를 삼킬 듯한 눈빛에도
끝내 고개 돌리지 말고 말문도 열지 말고
운명이라고 사랑이라고 말하지 말아야 한다 그런데
사랑한다는 고백에 뿌리째 흔들릴 수도 없으면서
감히 운명이라고 말했다
보고 싶다는 고백에
달려가 반길 수 없는 모순을 품고도
감히 사랑한다고 말했다

추억을 파는 가게

추억을 파는 가게에 방문해 주신님 고맙습니다
이곳에 진열된 상품은
경우에 따라서는 리필도 가능하고 대여도 하지만
미래에 관한 상품은 아직 진열된 바 없으며
영원히 미개발 품목으로 지정될 예정입니다
믿을 수 없고 볼 수 없는 것으로 인해
지금 막 마음을 베어버린 분에게는 특별이벤트로
방금 만든 따끈따끈한 제품만 한정 수량 팔지만
현재 사랑으로 더운 가슴을 지닌 분을 위한 상품은
여기서는 취급하지 않고 있으니 이점 양해하시고
먼 훗날 사랑하는 둘이 아닌 홀로가 되었을 때
그때 다시 방문을 부탁드립니다

추억을 파는 가게는 24시간 오픈점이며
주문자 생산에 의거한 상품만 취급하므로
셀프서비스임을 기억하시기 바랍니다
끝으로 결재 방법은 그리움 한 스푼
눈물 한 방울이 충전된 카드만 유효합니다

아무쪼록 추억의 가게를 찾아주신 님
안개꽃 다발처럼 풍성함을 안고 안녕히 가십시오

어느 쓸쓸한 저녁

낯설어서 두렵고
서툴러서 아팠던 시간들이
하나둘 거리로 쏟아지는 저녁
사부작사부작 건너온 바람이
외로운 가슴에 부채질을 하네요

오늘처럼 찾아오는 이 없는 저녁엔
전화기도 장식품처럼 도통 울릴 생각이 없네요
원한 적 없지만 아주 진실로 쓸쓸한 저녁이면
본 적도 없는 그대의 뜨거운 가슴을 훔쳐
사람들이 많이 오가는 거리에
가로등 불빛처럼 걸어 두고 싶어요
그러면 외로운 누군가 가로등 불빛에 기대
그리운 사람에게 전화를 걸지도 모르잖아요

언제나 새로운 청춘센터

눈에 익은 어린이집이 사라지고
생소한 간판이 떡하니 걸렸다

둘은 고사하고 하나도 많다며
아이 낳기를 주저하는 요즘 세태
소문 없이 사라지는 건 어쩌면 예견된 일

기억은 잃어도 사람 사는 곳은 매한가지
가끔 큰 소리로 싸우기도 하고
마치 지금 일어나는 일처럼 말하기도 한다
처음에는 남편 얘기인 줄 알았는데
듣다 보면 아들 이야기

요양원보다는 근사한 이름을 가진 청춘복지센터에는
과거를 되새김질하는 사람들이 산다
그들만이 사는 세상에서
말하는 사람도 듣는 사람도 처음인 듯
같은 말을 하고 또 하고 반복하지만
마음은 언제나 청춘이다

온 생애를 다 바쳐 열심히 살았던 사람들
그들에게도 고단했지만 눈부셨던 청춘이 있었다
침대 하나가 자기 집 전부이며 사유 공간인 그곳에
언제나 환한 봄이 다녀 간다

그곳에는 늙지 않는 청춘들만 있다

아름다웠노라 이야기하자

그리움이 물결치는 여린 저녁이 오면
허기진 영혼 봇짐 속에 감추고
명랑한 숲으로 가자
가다가 뒷걸음질 치는 달빛이라도 만나면
한입 베어 물고
걷다가 혹여 운명이라는 이름의
낯익은 영혼을 만나거든
지나간 시절은 가릴 것 없이
아름다웠노라 이야기하자

6부

그리움이라 했다

내 사랑은

내 사랑은
발끝에 와닿는 작은 돌멩이 하나까지
함부로 차지 않는 바라만 봐도 설레는 감탄사
말이 없어도 그저 좋은 느낌표이길

사랑하다 하다 그리워하다 하다
뜻 모를 줄임표와 심중을 맴도는 물음표가
섬처럼 떠다녀도 화살의 방향이
사랑하는 너에게 향하지 않기를

사랑함에 완벽이라는 단어는
애당초 인간의 몫이 아닌 신의 영역이었음을
미처 다 이해하지 못한다 해도
사랑할 용기가 남아 있을 때
거짓 없이 사랑하고 후회 없이 사랑할 수 있기를

우리 사랑을 이야기할 때

숨 쉬는 마디마디 길을 내는 사랑아
우리 사랑을 이야기할 때
사랑이 어떻게 길을 물어
여기까지 왔는지 기억하지 말자
다만 지금 서 있는 배경 이곳에서
오늘을 태워 내일을 사는 마지막 순간에도
사랑을 위해 쓸 수 있기를 기도하자
그리하여 기다림의 습성을 먼저 배워버린 이력을
힘겨웠다고 말하기보다 행복했다고 말하고
눈물겨웠다고 말하기보다 눈부셨노라 이야기하자

그런 순간이 있습니다

사랑한다는 말보다
보고 싶다는 말보다
덕분이야
그 말이 더 살갑게 와닿는 그런 순간이 있습니다

죽도록 사랑한다는 말보다
미치도록 보고 싶다는 말보다
금방 달려갈 테니 조금만 기다려
그 말이 더 간절한 그런 순간이 있습니다

특별히 내세울 건 없어도
모자라거나 모나지 않고
한마디 말에도 진심이 묻어나는 그런 사람이
새삼 그리워지는 그런 순간이 있습니다

보고 싶다는 한마디에
온 세상을 다 얻은 듯
행복한 마음 숨기지 못하는 그런 사람이
무작정 보고파지는 그런 순간이 있습니다

위로받고 싶어 손 내밀면
불러줄까 이제나저제나 졸이며 기다렸다며
마음 먼저 달려오는 그런 사람이
절절히 기다려지는 그런 순간이 있습니다

사랑하는 이유

내가 사랑하는 당신이
어느 날 문득 새삼 궁금한 얼굴로
왜 굳이 당신이어야 하는지 물으신다면
대답 대신 살며시 미소만 짓겠어요
내가 짓는 미소의 의미를 당신 스스로 깨우치기 전
성급한 마음에 또 물으신다면
대답 대신 가만히 당신의 눈을 바라보겠어요
그래도 마냥 대답을 기다리는 아이처럼
자꾸만 당신을 왜 사랑하느냐고 물으신다면
어느 순간 물처럼 자연스럽게 스며들었다고 말하겠어요

내가 사랑하는 당신이
어느 날 문득 새삼 궁금한 얼굴로
당신을 어떻게 사랑하느냐고 물으신다면
보이는 것과 보이지 않는 너머까지
구분 없이 사랑할 거라고 말하고
없음과 있음의 경계 없이
자유롭게 사랑할 거라고 말하고
살아 있는 그날까지 사랑할 거라고 말하겠어요

그래도 혹여 다음 말을 기다린다면
당신은 선택이기 이전에 운명이라고 말하겠어요

옛사랑

뜬금없이 누군가 그리워지는 겨울밤
사랑을 생각하는 마음 위로
밤새 함박눈은 내리고
끝내 너는 오지 않았다
올 수 없는 너라는 걸
이미 알고 있지만
국경처럼 닫혀 있던 마음에
허락 없이 길을 낸
너를 지울 수 없어
지나간 날들을 추억한다

그대라는 이름의 사랑으로 살았습니다

섣불리 잊겠다는 말은 하지나 말걸
바보처럼 큰소리쳐놓고
정작 오늘 하루도
그대라는 이름의 사랑으로 살았습니다
그대가
내 마음을 송두리째 가져간 까닭입니다
내 마음에
그대가 송두리째 들어온 까닭입니다

그리움이라 했다

잊고자 잠을 잔다는 사람
세상에서 가장 빠른 것은
그리움이라 했다
대상이 어디에 있든
한순간 마음 안과 밖을 넘나들 수 있어
그리움의 텃밭을 일군다 했다

다른 누군가는
세상에서 가장 지독한 것은
그리움이라 했다
허락도 없이 왈칵 솟아나서는
대책 없이 흔들어대는 바람에
살기 위해 잠을 잔다 했다

나그네처럼 듣기만 하던 사람
순수하지도 못하면서 집중할 수 없는 사랑이
세상을 활보하는 오늘날
어느 시대의 유물인지
까마득한 낭만이 그립다 했다

안녕이라고 말할 수 있을 때

이별은 가슴으로 울리는 북소리를 멈추는 일이고
눈에 키운 별 하나를 거두는 일이고
머리로 기억하는 수많은 이야기를 지우는 일임을
끝내 우리가 다 이해하지 못한다 해도
사랑했던 사실조차 모르는 남들처럼
모르는 남남으로 살아가자
그대와 나 사이에 흐르고 있는
추억이라는 이름의 강 하나로
사랑이라고 그리움이라고
이름 붙일 수 없는 지금
그대 먼 사람아
그리움이라는 감옥에서 떠나라
안녕이라고 말할 수 있을 때

단속하지 마세요

단속하지 마세요
그대에게로 향한 열린 문을

단속하지 마세요
내게로 오는 그대 마음을

그대가 혹여
그리워하는 마음에
빗장을 채우면
시도 때도 없이
아니 온 듯 다녀갈 거예요

그대가 행여
사랑하는 마음에
횡단보도를 그으면
첫눈에 반한 죄로
무단횡단도 마다하지 않을 거예요

단속하지 마세요
사랑밖에 모르는 마음을
단속하지 마세요
그대 마음만은…

사랑모순

사랑하기 때문에 헤어진다는 말은
이별을 앞서 예감하는 모순(矛盾)을 낳고
그 모순이 사랑하지 않는다는 비 모순을 낳지만
끝내 이 말만은 마지막 순간까지도 숨겼어야 했다
더 이상 그대를 사랑하지 않는다는 말과
더 이상 나를 사랑할 자격이 없다는 말은

더 이상 사랑이라는 이름으로

사랑아,
혼마저 송두리째 주고 싶었던
지난날 붉은 내 사랑아
우리의 정신이 때때로
밀어로 가득 찬 봄날의 속삭임에
길을 잃을지라도
더 이상 사랑이라는 이름으로
기억의 교차로에서 서성이지 말자
흩어진 날들에 대한 보고서는
꿈결에서조차 쓰지 말자
더 이상 사랑이라는 이름으로
그 무엇도 그리워하지 말자
돌아가는 이정표만 서 있을 뿐
사랑의 정류장은 오간 데 없는 지금

내 그리움의 한계는 늘 그대가 종착역이었다

내 그리움의 한계는 늘 그대가 종착역이었다
소리 내어 우리 사랑을 말할 수도 없으면서
어느 순간 내게로 와
어여쁜 나의 이름이 되어준 그대
오늘도 나는
그리움의 북방한계선을 달리고 달려
그대가 산다는 그 먼 나라로 간다
이것이 내 사랑의 한계인 줄 알면서도
그것만이 유일한 해답인 양
그대 어여쁜 이름이 되기 위해

목숨 아닌 사랑은 없었다

운명이라는 이름의 열차를 타고
서로에게 달려가던 날부터
불꽃 같은 사랑은 아니어도
서로를 흔들어대는 바람이었으면 했다
살면서 더러 그 바람이 상처를 남긴다 해도

너를 사랑하면서부터
길 아닌 곳은 어디에도 없었다
사랑하는 마음이 클수록
보고 싶다는 말은
의무감처럼 늘어만 가고
그리움은 무작정 깊어만 갔다

네가 내게로 오던 날부터
우리가 지나는 길목마다
목숨 아닌 사랑은 없었다
그 생각만 하면
한순간도 너를 잊은 적 없고
너로 살지 않은 적 없다

어느 날 문득

어느 날 문득
다정한 사람에게서
낯선 얼굴을 느껴 본 적 있는가
대답 대신 고개만 끄덕이는 그대는
진정 아픔을 아는 사람이다

어느 날 문득
사랑하는 사람에게서
비수처럼 와 안기는 바람의 말을 들은 적 있는가
글썽이는 눈물 머금고 허공만 바라보는 그대는
진정 사랑을 아는 사람이다

어느 날 문득
내가 뿌린 말의 씨앗이 정처 없이 흐르다
다른 빛깔과 무게로 되돌아와
그대 영혼을 송두리째 삼켜버린 기억이 있는가
말 대신 명치끝을 움켜잡는 그대는
진정 돌아볼 줄 아는 사람이다

휴업합니다

매일 밤 꿈속에 들어
그리움에게 전화를 건다던 사람 소식이 없고
별마다 붙여진 전설과 신화
도시의 한복판에서 소리 없이 죽어 나가고
오늘 밤엔
잊고 사는 게 기억하는 것보다 힘들다던 사람
온다 간다 말이 없네요
사나흘 '휴업합니다'라는 간판을 내걸고
떠나야 할까 봐요
어디라도 좋아요 은어처럼 회귀할 때
살던 곳이 그리웠노라 들려줄 수만 있다면
한시도 그대를 잊은 적 없노라
꾀꼬리처럼 노래할 수만 있다면
오, 눈부신 고립이
제자리로 돌아오기 위한 전주곡이라면.

지나간 사랑에 묻는다

사랑이라서 아팠고
그리움이라서 애틋한
지나간 사랑에 묻는다
살다가 마음에 참을 수 없는 파문이 일렁이면
오래전 그대 시간을 가두어버린
기억의 더듬이를 세워
잊은 듯 잊힌 지나간 사랑
꽃 이름 외워 듯 가끔 잊지 않고 부르는지

반어법에 대하여

"연애하지 마." 이 무슨 도발적인 말인가
강렬하다 못해 싱싱하고
사랑스럽기까지 하다
기다림이 얼마나 독하고 외로웠으면
반어법을 쓰는 걸까
천연기념물 그 남자는
악마의 속삭임처럼 혹은 영화 속 대사처럼

외로움은 돌림병처럼

탁자를 사이에 두고
외롭다는 그의 이야기를 듣고 있는 동안
술잔엔 그의 기억들이 쏟아낸 소식들로 붐볐다
외롭다는 그가 기억의 창고에서 찾아낸 건
은폐된 혹은 유배된 지난 시간만 존재한 건 아니었다
뜨거운 그의 기억이 지구를 몇 바퀴 도는 동안
이미 내 것이 아닌 철 지난 추억도 쏟아지고 있었다

누군가의 외로움을 깊숙이 들여다보는 일이
내 속에 박힌 외로움을 빼어내는 것만큼이나
찬란한 슬픔이란 걸
그와 내가 공범이 되고서야 알게 되었다

외로움은 돌림병처럼 돌아 삽시간에 내게로 왔다

작품해설

견고한 내면의 주춧돌,
그 탄탄한 골조의 시학

- 김 순 진(문학평론가 · 고려대 미래교육원 강사)

<작품해설>

견고한 내면의 주춧돌, 그 탄탄한 골조의 시학

김 순 진

 이희숙 시인과 만난 지 22년이 지났다. 나와 이희숙 시인은 한 문학단체 소속의 같은 회원이었다. 그러다 그 문학단체는 리더와 회원들 간의 소통이 안 돼 대부분의 문인들이 탈퇴하게 되었는데, 탈퇴한 문인들 속에는 나와 이희숙 시인의 이름이 함께 들어있었다. 나는 서울에 살고 이희숙 시인은 지방에 살고 있어서 자주 만날 기회는 없었지만, 우리는 비슷한 서정과 정서를 가지고 시를 쓰고 있었다. 이희숙 시인은 글벗문학회라는 탄탄하고 실력이 출중한 동인들이 모인 문학 동아리에서 지난 22년 동안 열심히 동인활동을 해왔고 나는 문학지와 출판사를 차려 독립하여 혼자 다른 세계를 구축해 왔다. 나는 글벗문학회에서 함께 활동하고 싶었지만, 무슨 이유인지 그들은 나의 가입을 저지했다. 아마도 내가 출판사와 스토리문학을 발행하기 때문에, 그들의 목적과 달랐을는지 모른다. 그렇지만 나는 글벗문학회 대부분의 회원들과 친분관계를 유지하며 글벗문학회의 행사에도 여러 번 참석하면서 지금껏 살아왔고, 그중에

정순희, 이희숙 시인과 특별한 친분으로 교우하며 지냈는데, 그런 인연으로 정순희 시인의 시집에 이어 이희숙 시인의 시집을 출판하게 된 것이다.

  메일로 보낸 시집 원고를 받아 들고 나는 속으로부터 올라오는 희열 같은 것을 느꼈다. 등단한 지 22년 만에 처음 내는 시집이라 그런지 이희숙의 시는 탄탄한 시적 장치와 다양한 소재를 통해 인간의 생로병사를 노래하고 있었는데, 특히 그녀의 시는 마음 수양에 관심이 있었다. 일찍이 한 유명 출판사에서 100명의 시인들한테 "시란 무엇인가?"라는 질문을 던졌는데 다수의 시인들은 '시는 자기 구원이다'라고 답했다. 환경 시나 반공 시, 정치 시 등 목적시를 통해 특별한 이데올로기를 구현하려는 시인들도 가끔 보이지만, 아리스토텔레스가 "문학은 삶의 모방이다."라고 말했듯이, 문학이라는 것은 인간의 보편적인 경험을 베껴 쓰면서 삶에서 오는 오류를 반복하지 않기 위한 방법의 구현이고, 그 오류에서 오는 상처를 치유하기 위한 자아실현이라 할 수 있다. 그렇다면 이희숙 시인이 지난 22년 동안 해온 일관되게 견지해온 작업들은 충분한 타당성을 확보했다는 평가를 내린다. 왜냐하면 그녀는 시작업을 통해 어머니로서 여성으로서 충분히 성숙해져 있었고, 친구와 주변으로부터 선한 영향력을 행사하고 있었기 때문이다. 그럼 이쯤에서 이희숙 시인의 시 몇 수를 읽어보면서 그가 오랫동안 일관되게 작업해 온 시정신이 무엇인지 살펴보기로 하자.

1. 생활시를 통한 자기구원

>중학교 입학하던 해
>읍내에서 자취했다던 여자
>부엌살림과 공개 연애한 지 삼십 년도 더 된 여자
>쌓인 내공으로 치자면
>입 다문 계집처럼 좀체 웃을 줄 모르던 목련도
>방실방실 웃게 할 수 있지만
>밥 짓는 일이 세상에서 제일 어렵다는 여자
>손에 물 마를 날 없는 여자
>채소와 육류 사이를 오가며
>아슬아슬한 줄다리기를 즐기는 여자
>숨겨둔 정부처럼 좋아하는 해산물을
>은근슬쩍 장바구니에 쏙 담는 여자
>365일 삼시 밥에게서 벗어나지 못하지만
>사랑과 정성으로 버무린 음식이 제맛을 내는 것처럼
>인생도 꿈꾸고 노력하고 즐길 줄 아는 사람이
>끝까지 웃을 수 있다는 걸 아는 여자
>
>- 「밥 짓는 여자」 전문

과거에는 '남자들이 부엌에 들어가면 고추가 떨어진다.'며 남자들의 부엌 출입을 억제하던 시절이 있었다. 특히 그런 풍습은 지방에 더욱 많이 남아 있는데, 그것은 지역적인 특색일 뿐만 아니라 우리네 어머니들은 아들들의 부엌 출입을 더욱 막아서곤 했다. 어머니들은 부엌에 들어가는 남자를 팔불출로 취급했고, 그것은 며 느리에서 자연스레 어머니가 되어가는 여자들에게 부메랑이 되어 부엌에서 벗어나지 못하는 운명으로 받아들여야만 했다. 지금은 가스레인지나 인덕션 레인지를 주방 안에 갖추고 불구멍이 3구다 4구다 하며, 그 아래에는 가스오븐레인지를 놓고, 근처에 전자레인지며, 전기그릴과 전기프라이팬까지 갖춰 쓰는 세상이다. 그러나 옛 어머니들의 고생은 땔감 준비부터 시작된다. 꼬박꼬박 땔감을 챙겨주는 남편이 얼마나 될까. 솔가지며 솔잎을 긁어 머리에 이고 등에 지고 날라 밥을 해대던 어머니다. 모를 내는 날이나 벼를 베는 날이면 수십 명씩 되는 일꾼들의 음식에다 이웃들과 논밭을 지나는 사람까지 불러 먹이는 음식을 오로지 아궁이와 화덕에 의지하여 그 많은 음식을 해 날랐던 우리네 어머니들의 그 힘찬 용기는 거의 황산벌싸움에 달려가는 계백의 포효였고, 그 지혜와 임기응변 능력은 장영실과 정약용을 맞먹을 정도였다. 우리 논은 한 배미가 1,500평 정도 되는 논이 있었는데, 그 논의 모내기를 하는 날이면 두레 계원 60여 명에다 농한기에 대민봉사활동을 나온 군인까지 20여 명, 이웃집 아이들까지 100여 명의 밥을 오로지 아궁이에 의지해, 해내시던 30대 후반의 어머니를 생각하면 지금도 눈물이 핑 돈다. 요즘으로 말하면 젊은 나이에 불과했을 그 나이에 푸성귀만으로 어찌 그런 밥을 차려내셨을까? 이희숙 시인은 여자로 태어나 평생 밥만을 걱정해야 했던 어머니가 된 나이다. 우리는 흔히 말해 '논에 물들어갈 때와 자식의 입에 밥 들어갈 때 행복하다.'는 말의 뜻을 이해하는 세대다. 나는 요즘 집에서 밥 잘하기로 소문이 나 있다. 아직도 직장에 나가는 아내를 위해 저녁이면 밥을 짓고 고구마며 감자를 삶아 주전부리를 챙긴다. 이제 여자들을 밥에서 해방시켜 주자. 요즘 여자들 대부분 대학을 나온 인재가 아니던가? 남자 혼자 외벌이해 집 사고 돈 모은다는 것은 어려운 시절이다. 남자들이 못나 예쁜 아내를 직장으로 내몰면서, 밥과 빨래, 청소까지 도맡아 시키면 병이 나든지 도망가든지 둘 중의 하나의 사달이 날 터, 좀 시켜 먹고, 사다 먹으며, 냉장고를 인터넷으로 채우면 어떤가? 이희숙 시인의 '남편' 시를 보면 달걀말이와 볶은밥도 잘 만드는 남자다. 이미 잘 실천하고 있는 남편으로 보인다.

> 저만치서 손 흔드는 이
> 내 마음을 훔쳐 간 그대네요
> 느닷없이 발그레해진 얼굴
> 누군가에게 들켜도 나는 몰라요
>
> 약속이나 한 듯 달려오는 이
> 달뜬 마음 물들인 그대네요
> 삽시간에 달구어진 마음 더는 참을 수 없어요
> 숨길 수 없는 마음 그대에게 들켜도 나는 몰라요
>
> 무작정 왈칵 보고파지면

하던 일 멈추고 그대에게 전화를 걸겠어요
떨리는 목소리는 바람결에 감추고
입맞춤하고픈 입술은 꽃잎에 묻어두고

- 「바람결에 감추고 꽃잎에 묻어두고」 전문

이희숙 시인은 천상 여자다. 이희숙 시인을 만나 본 사람이라면 그녀의 아리따운 외모와 조근조근한 말씨만 봐도 그녀가 얼마나 여성스러운 사람인지 알게 된다. 이 시는 그녀가 이 시집의 제목으로 택한 시다. 왜 이 시를 제목으로 택하였을까? 나는 그런 이유를 알 것 같다. 그녀의 속마음을 '바람결에 감춰두고 꽃잎에 묻어두고' 싶었기 때문일 것이다. 감추고 싶은 옛사랑도, 뛰쳐나가고 싶은 현실도, 마음대로 되지 않은 삶의 방식도 모두 '바람결에 감춰두고 꽃잎에 묻어두고' 나만 몰래 꺼내 보는 은유의 방식을 택한 것이다. 쓰긴 쓰되 드러내고 싶지 않은 말, 말하자면 그녀는 삶의 방식을 직유보다는 은유를 택한 것이다. '내 마음을 호수'라 하고, '꽃잎을 봄의 입술'이라 말하는 방식의 은유는 시의 기초적 수사법인 동시에 최선의 수사법이다. 이 시집에는 사랑 시가 여러 편 수록되어 있다. 이희숙 시인의 가슴속에는 아직도 사랑에 대한 감정이 쑥대처럼 자라난다. 사람들은 나를 흔드는 것이 바람이라 생각한다. 나를 흔드는 바람이란 없다. 나를 흔드는 바람은 과거에도 불지 않았고, 지금도 불지 않으며, 미래에도 불지 않는다. 다만 내 속에서 바람이 일어날 뿐이다. 사람은 배가 고프면 허기를 느낀다. 그런데 그런 허기는 조금 견디면 된다. 그러나 사랑에 대한 허기는 견딜 수가 없다. 사랑에 대한 허기를 견디기만 하고 실천하지 않으면, 결국 그 사람은 마음에 병이 들고 만다. 사랑이라는 말은 인간과의 관계에만 성립하지 않는다. 내가 가장 사랑하는 것, 그것 하나만 튼튼하면 사람은 행복해질 수 있다. 그것이 사람이든 영화든, 문학이든, 음악이든, 여행이든 말이다. 그 사람에게 나를 사랑해 달라고 애원하는 것보다 내가 그 사람을 사랑하는 것이 훨씬 행복하다. 나는 어려서부터 문학을 정말로 사랑하여 수많은 책을 내고 출판사까지 차렸고, 지금 정말 행복한 인생을 살고 있다. 이희숙 시인도 이 시집이 첫 시집이지만, 한동안 이 시집으로 말미암아 행복한 삶을 살 수 있을 것이다. 은유의 집을 짓는 이희숙 시인에게 축하의 말씀을 전해드린다.

2. 자연 동화를 통한 내면 성찰

> 나는 이상한 여자입니다
> 십이월 첫날
> 어쩌자는 작정도 없이
> 마음 찢고 나온 생각 따라
> 별안간 제주에서 살아보기를 하러 온

나는 이상한 여자입니다
대문 없는 단독주택을 빌려
큰 그림을 그리러 온
날마다 제주를 통째로 훔치는 상상을 하지만
한 번도 훔친 적 없는

아무려면 어때요
살 오른 애기동백이 밤마다 무도회를 열고
상큼하고 달콤한 말투를 가진 감귤이
온 동네를 기웃거려도 이상한 것 없는
즐거운 하례마을인걸요

날 것 같은 말투를 바당*같이 알아듣는 돌과
우리말을 몬딱** 외국어로 알아듣는 나무 앞에서는
쉿 목소리를 낮춰요
단박에 나무인 걸 들킬지도 모르니까요

아무려면 어때요
아침이면 한걸음에 달려온 한라산이
공천포를 밀어 올린 해와 입맞춤하고
잠들지 못한 저녁이면
더듬더듬 전하는 바람의 안부로 잠이 드는
여기는 서귀포 하례마을인걸요

* 바당 : '바다'의 제주도 사투리
** 몬딱 : '모두'의 제주도 사투리

- 「즐거운 하례마을」 전문

이 시는 갑자기 몸에 이상이 와서 두 달 동안 제주에서 요양 생활을 하며 살게 된 이야기다. '피할 수 없으면 즐겨라.'라는 말이 있다. 남편의 적극적인 배려와 두 아이의 응원과 염려 속에서 제주 생활을 시작했을 때 이희숙 시인은 몸은 아팠지만, 잘 살았다고 자평했을 것 같다. 사람은 누구나 살다가 보면 위기가 온다. 그때 가족의 적극적인 대처가 가장 중요하다. 그 위기의 종류가 건강이든, 사람의 관계든, 돈의 문제이든 다 같다. 흔히 사람의 관계, 즉 배우자의 어느 한쪽이 바람을 피워 위기가 왔을 때 사람들은 이혼을 택하거나 죽음을 불사하는 일이 생긴다. 바람 피우는 것을 옹호하자는 것이 아니라, 죽는 것이나 이혼하는 것보다 좋은 방법이 있을 것이다. 그런데 그런 타협의 방법은 보이지 않고 불결하다는 데 초점이 맞춰져 그간의 수고나 금전문제를 망각하고 이혼을 택하게 되면, 바람을 편 쪽뿐만 아니라 내 쪽까지 삶의 소용돌이에 휘말리게 된다. 직장 문제 또한 그렇다. 사람은 서로 이해하며 살면 좋겠지만 욕심이 있고 간사한 마음이 있는지라, 작은 이득 때문에 직장에서 따돌림을 당하거나 심한 욕설과 정신적 괴로움을 당하는 경우가 생긴다. 그래서 남자가 직장에서 그만두고 집에 왔을 때 "애들이 고3, 고1인데 지금 어쩌려고 그러느냐?"며 소리를 버럭버럭 지르고 울고불고할 때 남자는 더 이상 의지할 곳이 없어지면서 노숙자가 되거나, 주정뱅이가 될 수 있다. 그럴 때일수록 침

착하게 받아들이고 가까운 친구나 형제한테 살짝 "언니, 나 삼백만 원만 빌려줄래. 이유는 묻지 말고."라고 빌려서 "여보, 더럽고 치사한 직장에 오래도록 다녀줘서 고마워요. 바람 한 번 쐬고 오세요."라며 주머니에 용돈을 찔러 넣어 주었을 때 그 남자는 감동해서 하루 이틀의 방황을 접고 새로운 직장을 찾아서 열심히 일하게 되는 것이다. 요즘 우리 아내는 1년 만에 직장에 다시 나간다. 아내는 직장 일이 힘에 부치는지 살이 자꾸 빠져서 나는 결심했다. "힘들면 직장을 그만둬요. 여보, 우리 애들 다 컸고 크게 돈 벌 이유도 없잖아요." 그 후 아내는 외국 여행도 다니며 1년을 쉬어서 건강을 되찾고 다시 직장에 가고 있다. 이런 일이 몇 번 되풀이되고 있다. 그때 내가 모르는 척했더라면, 내가 열다섯 살에 엄마를 잃은 것처럼, 우리 아이들은 엄마를 잃을 수도 있다는 생각에 몸서리가 쳐진다. 그때 건강에 이상이 온 이희숙 시인을 제주도에 보내 요양케 한 부군과 자녀들에게 박수를 보내드린다.

    울 엄마한테 옷은
    입고 벗는다는 행위 그 이상의 삶
    또 하나의 집이다
    고단했던 하루를 옷의 온기로 어루만져주고
    바람 든 뼈마디 달래주는 비밀스러운 아지트

    추분이 지나면 마디마디 바람 든다며

겹꽃처럼 껴입어야 산다던 당신
벗을 때마다 허물 벗듯 떨어지는 삶의 무게
작은 체구에 어찌 다 감당했을까

뼈에 바람이 든다는 의미를
예전에는 몰랐네, 정말 몰랐네
바람이 든다는 말은 시리다는 말이고
시리다는 말은 아프다는 말임을
아프다는 말은 외롭다는 신호인 동시에
따뜻한 위로가 필요하다는 말 줄임표임을

- 「바람이 든다는 의미」 전문

실제로 나이가 들면 뼈에 바람이 든다. 그것을 골다공증이라고 하는데, 골다공증이란 뼈에 구멍이 많아지는 병이 생긴다는 말이다. 인간이 노화를 막을 수 없듯 골다공증을 예방할 수는 없다. 이 세상 모든 인간은 늙고 병들며 죽는다. 다만 노화를 남보다 좀 늦추거나 늦춘 것처럼 보이게 할 수는 있다. 성형수술을 하고 좋은 건강식품을 먹는 것은 모두 노화를 늦춰보자는 것이지 노화를 막는 방법이 될 수는 없다. 인간의 생명은 유한하다. 또래보다 좀 덜 늙게 보일 수는 있지만, 안 늙을 방법은 없다. 그러나 건강하게 살 수는 있다. 골다공증을 늦추는 방법은 늙는 현상을 늦추는 것과 같다. 유산소 운동이라 해서 러닝머신을 뛰거나 공원을 걷는 것도 좋지만, 일단 체력운동을 해야 한다. 근육이 건강이다. 근

육을 만들다 보면 뼈의 골밀도가 높아져 골다공증을 예방하는 데 효과적이다. 그리고 나이를 먹어갈수록 적정량의 단백질, 즉 육류를 섭취해야 한다. 나이 든 사람이 채식주의를 선택하는 것은 위험하다. 입맛에는 순하고 자주 접한 것이 좋아서 산나물과 채소가 좋겠지만, 그래도 주기적으로 단백질을 섭취해야 한다는 게 의사들의 추천 소견이다. 우리네 부모님들은 논밭에 나가 일은 많이 하셨지만, 헬스장에 가시거나 탁구를 치며, 마라톤을 하는 등 운동을 하신 적이 없는 것 같다. 그래서 그 시대 분들은 오래 살지 못하셨다. 내가 어렸을 때만 하더라도 남자들의 평균 수명이 60세를 조금 넘긴 것 같다. 그렇지만 요즘은 남자의 평균 수명이 83세를 넘기고 있다고 한다. 그것은 우선 삶의 질이 좋아졌기 때문이다. 의료시설이 좋아져서 웬만한 당뇨나 혈압은 이제 약 한 알을 먹으면 평상시처럼 살 수 있게 되고, 대부분의 암은 수술로 정복이 가능해졌다. 게다가 삶의 질 또한 매우 향상되어 육체노동을 하는 사람보다는 정신노동을 하는 사람이 많아졌기 때문에 사고위험이 보다 줄어들었다. 그리고 주변에 편의점과 마트가 있어 언제든 인스턴트 밥을 먹을 수 있고, 인터넷의 발달로 전국의 제철 특산물들을 필요한 양만큼 구입해 먹을 수 있기에 신체에 충분한 에너지를 공급할 수 있는 환경이 마련되었다. 그래서 100세 시대를 열고 있지만, 그래도 술 담배를 너무 많이 하거나 운동을 전혀 하지 않는 사람은 골다공증과 질병에 노출될 수밖에 없다. 엊그제 김삿갓 문화제에 1박 2일로 다녀왔는데, 서울에 도착하여 뒤풀이하던 중 나는 오른발 허벅지에 햄스트링이 올라와 한참 동안 주무르며 쩔쩔매야 했다. 운동부족이 원인이다. 자주 쥐가 나고 눈꺼풀이 떨리며, 이명이 들리는 것 또한 운동 부족으로 우리네 부모님들을 거울삼아 열심히 운동하는 길만이 자식들을 도와주는 길임을 우리는 깨달아야 한다. 그리고 자식들은 부모님들이 아프고 몸에 바람 든다고 하면 나이 들면 다 그렇다고 가볍게 여기지 말고 이희숙 시인의 시처럼 외롭다는 신호고 따뜻한 위로가 필요하다는 것을 알고 자주 전화하고 사랑해요. 라는 말도 잊지 않았으면 좋겠다.

3. 자아 성찰의 방법으로 구현되는 시편들

지난밤 봄바람 편에 사나흘 더 기다려야 얼굴 볼 수 있다는 작약의 타전이 왔다 누군가에겐 사나흘이 십 년보다 더 긴 시간일지도 모른다 왈칵 마음 쏟아지는 소리에 아직 닿지 않은 그대가 불현듯 그립다 그립다는 생각에 꼬리처럼 이어지는 말, 거기

거기
설명하지 않아도 도착지가 어디인지 분명한 말

거기
불쑥 떠나고 싶을 때

쓰윽 나타나는 출입문 같은 말
   거기
   생각나지 않는 이름에 그리움을 포개는 말

   거기
   돌고 돌아서 마침내 당도하는 종착역 같은 말

   금낭화와 낮달맞이꽃이 약속처럼 속삭이는

   이토록 아름다운 봄날엔
   숨기고 싶은 비밀 하나쯤 두고 가도 좋을
   마음이 머무는 말

   거기, 그대

                        - 「아름다운 안부」 전문

 요즘은 문자 홍수 시대다. 너무나 많은 카톡이 쏟아져서 차마 응답을 해드릴 수가 없다. 내 휴대폰에는 대략 1만여 명의 연락처가 들어있다. 그 많은 사람들이 아침이면 어디서 퍼온 이미지나 동영상을 보낸다. 제발 좀 보내지 말라고 몇 번씩이나 말씀을 드려도 소용이 없다. 추석이고 설날 때는 문자폭탄이 더욱 쏟아진다. 대답하자니, 시간이 너무 많이 들고 대답을 안 하자니, 상대방에게 건방진 사람처럼 느껴질까 염려가 된다. 어릴 적 아버지는 나에게 특별한 인사법을 가르치셨다. 그때 나의 인사는 늘 "안녕하세요?"였는데, 아버지는 그런 내게 "아, 이 녀석아. 인사가 그때그때 달라야지. 어떻게 날마다 '안녕하세요.'뿐이야. 장에서 만나면 '무얼 사셨어요?' 논에서 만나면 '벼가 잘 자랐네요.' 아침에 만나면 '안녕히 주무셨어요?' 점심때 만나면 '점심 진지 드셨어요?', 손님이 왔다 가면 '안녕히 가세요.' 그렇게 인사를 해야지 늘 '안녕하세요?'라고만 하는 거야?"라고 말씀하셨다. 나는 수많은 책을 저술했다. 그리고 수많은 사람들에게 책을 사인해서 드렸다. 나는 모든 책의 사인을 그 사람의 특징과 그 사람과의 정을 생각해서 특별하게 써드린다. 말하자면 내가 한 사인 중에 똑같은 내용의 사인은 없다. 나를 생각해서 보내주시는 문자는 좋다. 그런데 이 사람이나 저 사람이나 똑같은 문자는 싫다. A란 사람이 보내온 문자와 D란 사람이 보내온 문자가 똑같은데 싫증이 난다. 나만을 위해 "김순진 시인님 어제 만나서 행복했습니다." "김순진 교수님 시집 해설 잘 써주셔서 고맙습니다." "순진 친구, 추석 잘 보내시게."처럼 내 이름이 든 문자가 아쉽고 그립다.

> 아름다운 나만의 언어를 갖고 싶다
> 평생 함께여도 좋을 그런 사람 같은
>
> 밤새도록 콧대 높은 그는
> 멀어지는 사람처럼 애만 태우고
>
> 불면 날아가기 십상인 나의 언어는

움켜쥘수록 빠져나가는 모래처럼 힘없이 사라지고

잠들지 못한 밤
시간의 징검다리를 건너온 자들은
날 새는 줄 모르고 말의 유희를 즐기지만
놓지 못한 어정쩡한 말들 사이에서
나는, 차마 오도 가도 못하고

그토록 갖고 싶던 나의 언어는
햇살에 사라지는 눈과 같이
잠시 흔적만 남길뿐
어디에도 보이지 않는다

마주할수록 멀어지고
다가갈수록 낯설어지는
나의 언어 그리고 혼잣말

- 「독백」 전문

'독백'이란 말을 다음 국어사전에 검색해보니 "1. 배우가 마음속의 생각을 관객에게 알리려고 상대역 없이 혼자 말하는 행위. 2. 마음속의 생각을 관객에게 알리려고 상대 배우 없이 혼자 대사를 말하다."라고 나온다. 결국 독백이란 혼자 하는 말이다. 연극에서야 관객이 필요하지만, 생활에서는 관객이 필요치 않다. 생활에서 관객의 시선을 좋아하는 사람이 있다. 우리는 그 사람을 왕자병이나 공주병이 걸린 사람이라 말한다. 인간에게 있어

대화는 매우 중요하다. 국민과 소통이 잘 안되는 대통령은 지지율이 떨어지고, 국정운영이 어려울 수밖에 없다. 대화가 없는 부부는 행복한 가정을 꾸며가기 어렵다. 친구란 대화를 통해 생겨나고 대화의 단절을 통해 멀어져가는 사이다. 그런데 그 '대화'라는 것이 2인 이상의 상대방과 말하는 것만은 아니다. 대화에는 나와의 대화, 즉 독백이라는 것이 있다. 나와의 대화는 내가 묻고 내가 대답해야 한다. "나는 누구인가?"라 묻고 "나는 시인이다."라고 대답한다면 "나는 시를 열심히 쓰고 있는가?" 다시 물어야 하고 만일 열심히 시를 쓰고 있지 않다면, 시인이란 호칭을 들을 자격이 없음을 깨달아야 한다. "나는 누구인가?"를 스스로에게 묻고 "나는 아버지다."라고 대답한다면, 아버지로서 위엄과 학식과 인자함과 부를 축적해 가장이 될 노력을 갖추어야 한다는 뜻이다. 이희숙 시인이 '나만의 언어를 갖고 싶다.'는 독백은 "나는 누구인가?"를 스스로에게 묻고 "나는 시인이다."라고 대답했을 때 성립된 독백이기 때문에 나는 이희숙 시인이 비록 첫 시집이지만 오래도록 습작하고 퇴고하는 과정 속에서 충실히 시인의 호칭에 맞는 역할을 해오셨다고 평가한다.

　이상에서처럼 나는 이희숙 시인의 시를 "1. 생활시를 통한 자기 구원, 2. 자연 동화를 통한 내면 성찰 3. 자아 성찰의 방법으로 구현되는 사편들" 등 세 가지 주제를 정하고, 각각 두 편씩을 골라 중점적으로 이희숙 시인의 시세계를 관조해보았다.

　시인은 시인이기 이전에 생활인이다. 어느 시인도 삶과 시를 떼어놓을 수 없다. 이희숙 시인 역시 생활시를 쓰고 있었는데, 그녀는 삶에서 묻어나는 끈끈하고 훈훈한 서사를 특유의 생활방식과 서정으로 조화롭게 버무려냄으로써 독자로 하여금 감동을 이끌어내고 있었다. 자연은 인간 최고의 스승이라 했듯이, 그녀 역시 거역하지 않는 자연, 스스로 굴복하고, 또다시 이겨내는 자연의 슬기를 시에 접목하고 있었으며, 모든 인간은 주어진 공간적이며 시대적인 상황을 개척하여야 하는데, 그 역시 자신에게 주어진 시간과 배경에 초점을 맞춰 자아성찰의 방법으로써 시를 구현하고 있었다.

　결론적으로 시란 내면의 건축물에 주춧돌을 놓고 기둥을 세우는 일로써 이희숙 시인이 그동안 해온 일관된 시작업은 스스로가 무너지지 않도록 내면에 주춧돌을 견고히 놓으며, 탄탄한 골조를 세워 마침내 『바람결에 감춰두고 꽃잎에 묻어두고』라는 아름다운 집을 지어낸 것이다. 새소리, 물소리 들리고, 새잎 돋고 갖가지 꽃들이 피어나는 정원이 있는 집, 흰 구름 두둥실 떠가는 그만의 아름다운 집을 지으신 이희숙 시인에게 축하의 박수를 보내드린다.

이희숙 시집

바람결에 감추고
꽃잎에 묻어두고

초판발행일 2024년 10월 25일

지은이 : 이희숙
발행인 : 김순진
편집장 : 전하라
디자인 : 김초롱
펴낸곳 : 도서출판 문학공원
등 록 : 2004년 3월 9일 제6-706호
주 소 : (우편번호 03382) 서울 은평구 통일로 633
　　　　녹번오피스텔 501호 스토리문학사
전 화 : 02-2234-1666
팩 스 : 02-2236-1666
홈페이지 : https://blog.naver.com/ksj5562
이메일 : 4615562@hanmail.net

※ 책값은 뒤표지에 있습니다.
※ 저자와의 협의에 의해, 인지는 생략합니다.